万物皆媒
——元宇宙视角下的媒介变革

汪文斌　刘　昕◎著

华文出版社
SINO-CULTURE PRESS

编委会成员

汪文斌　刘　昕
陆先高　高念书
况铁梅　周　结
包　岩　许丹丹
曲向东

目录 CONTENTS

第一章 元宇宙：万物皆媒的新时代 ·············01

第一节 元宇宙是人类生活空间的升级 ············02
（一）升级人类体感：营造沉浸式交互新体验 ············03
（二）拓展人类社交：创建数字化主体新社交 ············10

第二节 元宇宙是人类生产方式的升级 ············17
（一）元宇宙成为下一代生产力工具 ············17
（二）元宇宙建立生产关系新秩序 ············31

第三节 元宇宙开启新纪元的深层逻辑 ············46
（一）元宇宙是万物皆媒新阶段的具象表现 ············46
（二）元宇宙是人类社会发展的必然产物 ············52

第二章 元宇宙：媒体演进的新方位 ·············61

第一节 元宇宙是媒体融合发展的深度进化 ············64
（一）从国家战略层面理解元宇宙与媒体融合 ············64
（二）元宇宙是媒体融合的未来形态 ············70

第二节 元宇宙增强媒体的社会角色 ············79
（一）"人在信息中"：元宇宙生态下媒介特征的核心要义 ············79
（二）媒体社会属性的重新界定 ············86

第三章　媒介技术是培育元宇宙的沃土 ········ 91

第一节　元宇宙技术基础的媒介属性········ 92
（一）七个底层技术的媒介角色 ········ 92
（二）媒介引领元宇宙技术的应用 ········ 106
（三）平台为社会赋能的元宇宙技术图景 ········ 112

第二节　元宇宙技术生态图谱的核心是内容 ········ 119
（一）内容创设和应用生态重构并激活生产关系 ········ 120
（二）安全、经济和文明是元宇宙可持续发展的要领 ········ 127

第四章　元宇宙：媒体行动的新场域 ········ 133

第一节　元宇宙背景下媒体革新的发力点 ········ 134
（一）呈现形式多元化和融合化 ········ 134
（二）内容生产和分发智能化 ········ 139
（三）新闻内容服务一体化 ········ 146

第二节　打造交互式沉浸式业态是媒体进军元宇宙的关键入口 ········ 151
（一）文化与科技深度融合是发展交互式沉浸式业态的前提 ········ 151
（二）元宇宙助力媒体交互式沉浸式业态发展 ········ 157
（三）元宇宙交互式沉浸式新业态拓展媒体行动新机遇 ········ 162

第五章　社会与媒介深度融合 ········ 171

第一节　元宇宙驱动跨行业、跨媒介深度融合 ········ 172
（一）元宇宙是深度媒介化社会的集中表现 ········ 172
（二）元宇宙为深度媒介化社会更广泛的数字化融合提供新机遇 ········ 178

第二节　元宇宙变局下个体的价值定位 ········ 188
（一）元宇宙对个体角色的新要求 ········ 188
（二）以"思想＋艺术＋技术"理念为统领：未来媒体人的新使命 ········ 192

第三节　ChatGPT 风口下元宇宙的融合走向 ········ 198
（一）元宇宙对个体角色的新要求 ········ 198
（二）ChatGPT 将与元宇宙共同开辟跨界融合新风向 ········ 201

第一章 元宇宙：
万物皆媒的新时代

元宇宙不仅被视为互联网发展的高级阶段，即下一代互联网；更为重要的是：元宇宙环境催化了数字化和智能化的虚实融合技术的普及，从而有望形成新的社会形态，也被称为下一代人类社会。元宇宙所代表的并不是完全独立于现实世界的虚拟空间，而是与现实生活交织的共生世界。其中，万物互联进一步升级，物体的媒介属性和媒介功效再度被挖掘，物体的深度泛媒化催生出"万物皆媒"新生态和新认知。元宇宙新时代已经悄然到来。

第一节　元宇宙是人类生活空间的升级

元宇宙为人类创造了一个虚实共生的世界，在这个世界里，那些被蒙上奇幻色彩的梦境成为现实。千百年来中国文学作品中对于新世界的想象从未停止，比如令人陶醉的陶渊明笔下的落英缤纷的"桃花源"深处；或曹雪芹所构想的"太虚幻境"；20 世纪 90 年代初，钱学森又为 Virtual Reality（虚拟现实技术）取名为"灵境"，彰显了科学家的浪漫与超脱。这些来自东方的想象也是西方文学叙事中不可或缺的部分，出版于 1992 年的小说——尼尔·斯蒂芬森的《雪崩》塑造了一个更加具象的未来世界，这个新空间被定义为"Metaverse"，即元宇宙，由 meta（超越）和 universe（宇宙）中的 verse 两个单词组成。在作者的描绘下，这是一个人造空间，脱离于现实世界，又与之平行且相互影响。

如今，借助斯蒂芬森的乌托邦构想，元宇宙概念一时间冲上了时代风口。Identity（身份）、Friends（朋友）、Immersive（沉浸感）、Low Friction（低延迟）、Variety（多样性）、Anywhere（随地）、Economy（经济）和 Civility（文明）是元宇宙的关键特征，也就是说，人类可以通过虚拟形象在元宇宙中生活，享用完整的经济和社会服务。因此，从本质上说，元宇宙为人类构造了一个全新的世界图景，有望构建新一代社会形态。

在数字技术的加持下，这张庞大且恢宏的图纸不再是空中楼阁，目前正高速卷入我们的现实世界，为人类生活注入新的期待与活力。在这个新世界里，人类会看到什么、听到什么甚至触到什么？人与人之间又会擦出什么样的新火花？

（一）升级人类体感：营造沉浸式交互新体验

如果说 Web1.0 时代，互联网着眼于宏观层面的连接，主要关注网络基础设施建设；Web2.0 时代的互联网面向用户，强调个体之间的连接；那么，在以元宇宙为标志的 Web3.0 时代，互联网聚焦无限渠道、无时无刻、无限内容的生态级系统。其中，人类体感的升级是新的网络逻辑对生活层面施加影响的重要体现。这种体感的升级得益于增强身心沉浸感的技术的进步，在元宇宙的驱动下，人们可以通过虚拟现实（Virtual Reality，VR）、增强现实（Augmented Reality，AR）设备乃至脑机接口实现沉浸式体验，VR 眼镜、手套等端口在未来会成为像蓝牙耳机一样的标配。同时，虚拟世界和真实世界将加速交会融合，线上＋线下的沉浸式场景将成为元宇宙的重要内容。

除了身体感受的增强，元宇宙所搭建的新空间，也对人的思维和认知产生了重要的影响。人们可以通过数字化身真实体验认知的过程及其所在的环境，不再依靠想象感受现实的空间、氛围与关系，从某种程度来看，元宇宙实现了人类精神活动的高维投射。

1. 媒介即延伸：技术进化带来"新感知"

在媒介研究学者马歇尔·麦克卢汉看来，"媒介是人的延伸"，他笔下的媒介是广泛的、丰富的，不仅包括语言、文字、印刷物、电信和广播电视，还包括自行车、汽车等交通运输工具，甚至服装、住宅、货币等。媒介成为人与社会和自然环境接触的中介，一切媒介都是人体的延伸或拓展。例如，轮子是脚的延伸，服装是人体皮肤的延伸，住宅则是一种集体的皮肤，是人体温度控制机制的延伸……基于不同功能属性的媒介在一定程度上都实现了对人的行动的延伸，而作为多功能集合体的元宇宙媒介又是在哪些方面"延伸"了人类呢？

（1）元宇宙是对人类生活场所的延伸

元宇宙是集体交互式的大型公共虚拟空间，是互联网进化序列的最前端图景。不同于传统的实体空间，元宇宙是一个被技术和设备无限割裂的空间，其基本单位是场景，基本依托是穿戴设备，人们通过设备随时随地接入不同的场景，进而产生交互，获得沉浸式体验。

同时，元宇宙所开辟的新空间与现实空间是相互依存、共同存在的。如果按照与现实之间的关联度来区分的话，元宇宙新空间大体可以分为数字孪生型、增强现实型和完全建构型。数字孪生型指的是在虚拟空间中实现对现实空间的直接复刻，利用数字孪生技术，通过数字化的方式在虚拟空间中动态地呈现物理实体的一种状态。增强现实型虚拟空间以现实位置为基础，在虚拟空间中构建新的数字信息，为物理空间添加一层或者多层信息，为空间的使用者带来新的体验维度。完全建构型的虚拟空间直接脱离现实空间，成为区别于现实世界建构的独立、架空的新世界。但无论是哪种类型的元宇宙空间，都会与现实空间产生各种直接或间接的联系。由此，人类生活的场所实现倍增，实践和行动的空间获得极大的拓展。

元宇宙所创造的空间虚实边界之所以不再那么明显，甚至出现虚实融合的特点，主要就在于元宇宙所特有的时空拓展性。2022年全国两会前夕，新华社发布的一场"天地跨屏"访谈引发了网友的热烈讨论。在新华社新立方智能化演播室内，虚拟空间、扩展现实（Extended Reality，XR）等创新技术，打破时空限制，让主持人"来到"浩瀚宇宙的中国空间站，与王亚平代表一起围绕履职故事，展开了一场跨越时空的对话，给观众带来了一次元宇宙初体验。可见，未来人类将不再受限于单一的物理时空，可以借助数字分身、虚拟人实现同一时间、不同空间的多任务处理，栖居于元宇宙世界中的多时多地，而这个虚拟与现实交融的时空就是元宇宙所创造的未来世界的基本形态。

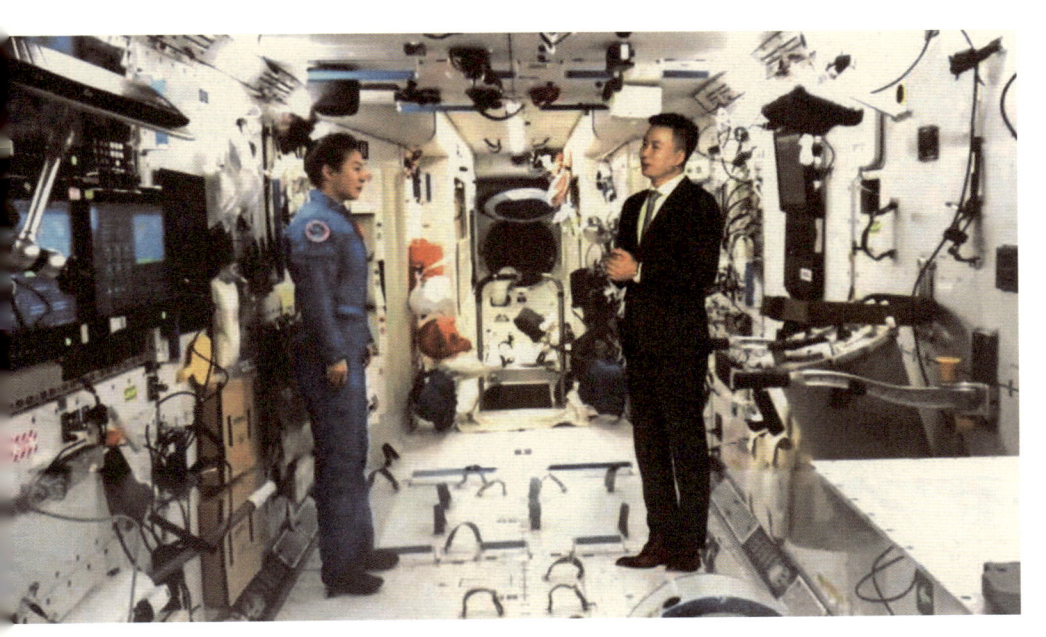

"天地跨屏"——王亚平在太空讲述履职故事（来源：新华社微信公众号）

（2）元宇宙是对人类感官的全方位连接

"每一种新的影响都要改变各种感知的比率"[1]，元宇宙是各种技术成熟到一定程度质变的产物，为人类的多感官融入提供了物质基础设施，比如伴随VR、AR、3D和脑机接口技术的成熟发展，人类在虚拟世界中实现感官全方位连接将成为可能。目前，人们对于外在物的感知主要依赖视觉和听觉，像嗅觉、味觉及触觉等感官效应还只能在线下实现和满足。元宇宙沉浸式体验的最大特点就在于弥补了单一视觉感官感知的不足，调动出嗅觉、味觉等多感官的联动式参与，给人类带来全息体验。虽然关于人类全感官的突破仍处于探索中，但是当技术水平达到一定高度，推动这一理想化状态实现之时，元宇宙作为人类生活全新空间的魅力将快速超越现实世界。

元宇宙在促进人体感官延伸的同时，也在不断促使人类对内在进行探索与思考。当身体处于一种真假难辨的"高沉浸式环境"时，人类不得不重新思考人与人之间、人与自然之间、人与社会之间的关系，同时，在人与机器交互的语境中，人的思维会有什么样的变化，人的位置又将何在？现实世界中的知识、技术和想象力，在构造起元宇宙的同时，也会反作用于人的心智，促进它的构造的变化乃至革命。受限于技术条件及认知水平，现有研究对于人类内在心智的研究几乎很难实现创新和改造。但是，随着相关技术的进步，在这个虚拟与现实混合交织的时空中，这一目标或将成为可能。归根结底，我们改造、

---

[1] 马歇尔·麦克卢汉.理解媒介：论人的延伸[M].何道宽,译.北京：商务印书馆,2000：100.

发明和利用媒介的最终目的是要更好地把握时代脉搏，更好地认知过去、现在及未来的生活形态和文明形态，在此基础上更好地认识人本身甚至改造人自身。

2. 媒介即讯息：载体升级创造"新讯息"

元宇宙是突然出现的吗？很显然答案是否定的。元宇宙虽然是不同于以往媒介的"高维媒介"，但其内里仍依循着媒介迭代的规律，它仍然是媒介技术和应用场景不断进化并被预测的一种未来媒介形态。其实，"任何媒介的'内容'都是另一种媒介"[1]，就像言语构成文字的内容，文字构成印刷的内容，印刷构成报刊的内容。没有一种媒介会孤立存在。换言之，言语是文字的媒介，印刷是电报的媒介，每一种旧媒介都被新媒介吸纳成为自己的内容，作为电子媒介的集大成者，"因特网是一切媒介的媒介"[2]，包含互联网出现之前的所有媒介——文字、广播、电视、电影等，而元宇宙被视为下一阶段的互联网，是互联网的媒介，即所有媒介的媒介，是当前最高层次的媒介形态。

那么，如何理解"媒介的媒介"？我们可以回到其元概念"Meta"中去，也就是"元媒介"（Metamedia）。所谓元媒介，最早由美国计算机科学家艾伦·凯提出，意在描述数字计算机作为一种硬件和软件的集合平台，重新组合和复制了以往的媒介形态，媒介的组合特性在元媒介的概念中被放大。在今天的国内，

---

[1] 马歇尔·麦克卢汉. 理解媒介：论人的延伸[M]. 何道宽, 译. 北京：商务印书馆, 2000: 34.
[2] 保罗·莱文森. 数字麦克卢汉：信息化新纪元指南[M]. 何道宽, 译. 北京：社会科学文献出版社, 2001: 42.

2022年五四青年节之际，央视联合腾讯音乐虚拟社交平台TMELAND开创了国内首个数实融合虚拟音乐世界节目体验。当晚，累计共有超百万用户登录QQ音乐、全民K歌，搜索"TMELAND"后化身"数字人"，进入虚拟音乐世界。观众的数字分身可以一键"穿越"到迪厅，穿上五四特供版校服，选择喜欢的舞蹈动作，在舞池中自由摇摆。腾讯虚拟人吉莉、星瞳、童和光集体亮相，与青年演员及高校学子在云端合唱共舞，逼真的面部表情，灵活的骨骼关节运动，还有光影渲染，都让虚拟人与现实同伴自然地融为一体，真实感和沉浸感十足。基于TMELAND首创的"端云协同3D技术"，云端音乐世界体验流畅，观感清晰，超13万平方米的超大空间里，可以容纳10万个用户同屏互动，并且无须下载独立App。虚拟人的投入、云端技术的加持，以及空间场景的打造和交互功能的设置，创造了一个全新的元宇宙情境，在这里，人们感受着新的速度、体验与生机。

《奋斗的青春——2022年五四青年节特别节目》（来源：央视网）

这种融合特性同样被强调，元媒介化身为以计算机、智能手机、平板电脑等智能终端为代表，集互联网与移动终端于一体的新传播平台。❶ 从这一定位来看，元媒介其实体现了数字媒介的可供性，一般来说，以往的媒介主要以文本、图像、声音和视频的形式出现，而数字媒介则超越了以往的局限性，在内容呈现、互动和交流模式方面都表现出数字化的优势与潜力。

从"媒介即讯息"的视角来看，这种优势来源于每一种新媒介"引入的人间事物的尺度变化、速度变化和模式变化"。❷ 麦克卢汉在《理解媒介：论人的延伸》一书中，以铁路为例，解释了上述观点，即铁路所运输的货物或者与其配套的道路设施并不引发现实世界的变化，而是铁路本身的出现"创造新型的城市、新型的工作、新型的闲暇"❸。因此，每一种新媒介的出现，都会创造一种全新的环境，从而改变人们感知世界的方式和理解环境的框架。元宇宙作为一种更高维的媒介，它所使用的传播工具的性质、它所开创的可能性及带来的社会变革带来了一些"新讯息"。例如，基于其特有的统合性，挤压当前媒介的生存空间，焕发第一春。同时，元宇宙也将凭借媒介强大的建构力量重塑传统的传播方式和传播关系，例如，传统媒介语境下封闭性的文本将随着区块链技术和开放源代码的成熟化变成可随时编辑的用户共创文本，单一内容生产将变成用户共创内容。

---

❶ 赵星植.元媒介与元传播：新语境下传播符号学的学理建构[J].现代传播（中国传媒大学学报），2018，40（02）：102—107.
❷ 马歇尔·麦克卢汉.理解媒介：论人的延伸[M].何道宽，译.北京：商务印书馆，2000：34.
❸ 马歇尔·麦克卢汉.理解媒介：论人的延伸[M].何道宽，译.北京：商务印书馆，2000：34.

（二）拓展人类社交：创建数字化主体新社交

元宇宙对生活空间的重塑不只是人类感知的升级，作为人类存续的重要动力，社交也是元宇宙产生影响的重要领域。一是元宇宙给予个体建立多重身份的机会，使其在社交入场阶段，就拥有不一样的起点。二是基于社交多次迭代的梳理，以数字化主体交互为核心特点的元宇宙社交其实是对此前社交模式的补偿。因此，个体身份的突破与交互方式的创新使元宇宙进一步拓展人类社交，升级人类生活新体验。

1. 元宇宙重启"第二人生"
（1）个性化定制身份 ID

在元宇宙中，我们每个人都脱离了现实世界的各种标签和身份，用户可以感受多重角色扮演带来的全新体验。社交、游戏、交易等都为角色沉浸提供了多元化的场景支持，在这些场景中，用户可以改变服饰外观，也可以改变自身形象，定制个性化身份 ID，以多样的角色和自我认同感体验不同的真实生活。比如，在游戏 *Second Life* 中，玩家化身虚拟游戏世界中的居民，从形象改造、土地购置、建筑设计到学习教育、交通出行、商品交易，都可以按照自己的意愿重新选择。

这种角色扮演需求的诞生与 Z 世代对于 YOLO 文化的追捧有很大的关联。YOLO（You Only Live Once）文化，直译为"你只活一次"，是一种注重体验、注重自我生活的世界观。在互联网时代长大的 Z 世代深受这一文化的影响，表现出崇尚个性自由、

游戏 Second Life（来源：Second Life 官网）

强调身份认同感等特点，而元宇宙的身份机制与 Z 世代和 YOLO 文化所倡导的生活理念完美契合，观众就像走进了一场大型"假面舞会"，可以自由切换身份，代入角色，在元宇宙中浸入式体验"第二人生"。

（2）基于数字分身的关系选择

在元宇宙中，个人定制的多个数字分身成为在新空间"漂移"的载体，人们可以借助技术自由建设道路、房屋、城镇，展开数字生产、数字创作和数字交易，以及教育、健身、娱乐、社交等各式各样的主体性活动。同时，人们基于数字分身组建新的虚拟人际网络和社会关系，开展丰富多彩的信息交流活动和社会实践活动。这种纯粹数字化的虚拟关系，产生新的数字交往行为，也有利于形成有序且高效的虚拟协作关系，构建多元的虚拟社区，帮助用户实现一种不同于真实世界的自我认同。2016年上线的交友软件"Soul"持续完善用户在"社交元宇宙"上的体验，Soul上的每一个用户都拥有一个虚拟身份，并且可以通过3D捏脸以及滤镜特效，减少暴露真实面孔的压力。用户还可以在个人主页、广场和唱歌、游戏等诸多兴趣派对中勇敢分享和交流自己的想法与趣事。这种开放式的社交关系，让Z世代用户突破了狭窄的朋友圈，走向更广阔的世界，实现了线上社交关系网络的建立，用户也在表达自我与认知他人中，建立起新关系。

"社交元宇宙Soul"（来源：Soul官网）

从更深层次看，借助沉浸式主体影像的再造，元宇宙改变了人类交流的性质，营造了"面对面"交往的全真体验。一方面，元宇宙可以使人无所不在、永远在场甚至永远"活着"，致力于实现"去中介化"的交流体验——永远面对面，永远在一起。另一方面，元宇宙使人与人的交流，扩展为人与机器或者借助机器进行交流，进而丰富了数字化主体的社交对象与范围。按照扎克伯格的说法，元宇宙的本质是一种存在感——就像你和另一个人在一起或者在一个地方。元宇宙社交的终极梦想正是让人感觉线上交往如线下交往一般，借助多种技术手段，使人们以全息图（hologram）的形式在多个元宇宙中瞬移自如，享受彼此互动的真实感与实在感。

2. 媒介即关系：元宇宙开启社交新时代

（1）虚拟社交的迭代发展

自从以信息传递为主的线性传播过渡到以人际交互为主的关系传播后，社交模式发生了多次迭代，从 PC 社交网络、移动社交网络到算法兴趣平台，交往方式的线上化程度越来越高，人们对于连接也有了更多的需求。如今，社交网络正进入 4.0 时代——身临其境的虚拟世界时代，也被称为"元宇宙社交时代"。从早期的基于 PC 端的社交到后来的移动社交、算法社交，再到今天的元宇宙社交，社交的终端在变，但社交"连接"的本质没有改变，无论是强连接还是弱连接，每一次升级依旧是在用户之间搭建关系。

无论是元宇宙对社交的升维，还是以往社交模式对连接的努力，都可以看出媒介是搭建关系的桥梁，或者说"媒介即关系"，进而，我们也可以称这种建构关系的媒介为关系媒介。元宇宙作为一种更高阶的关系媒介，其所特有的"去中心化"特点促使用户间的关系呈现出更开放、包容的特点。Soul 在社交元宇宙的打造上就有一些新的尝试，首先，加强用户兴趣图谱和社交画像的收集与分析，为千人千面的用户匹配出最合适的"灵魂伴侣"。其次，Soul 引入语音匹配等声音交互模式，实现了听觉感官对社交关系的赋能。另外，Soul 特别重视游戏化的社交体验，一方面引入了很多休闲小游戏，另一方面将基础功能游戏化处理，如在群聊派对等板块加入游戏要素等。基于以上努力，Soul 的创新实验使用户轻松地沉浸在平台中，畅快地与他人进行互动交流，从而增强了用户间的关系黏性。

（2）元宇宙社交的补偿机制

从媒介进化的角度看，元宇宙是作为一种补偿性媒介出现的。媒介环境学派代表人物保罗·莱文森认为，在媒介的演化中，人有两个目的或动机：一是满足渴求和幻想；二是弥补失去的东西。由此，"整个媒介演化过程都可以看成是补救措施"[1]。人类在现实生活中难以满足和实现的需求与愿望，都将在虚拟世界中得到自我补偿。

元宇宙的补偿机制不是谁从属于谁，而是一种"扬弃"的结构性补偿创新，继承和发扬现存媒介内部积极、合理的因素，抛弃和否定消极的、丧失必然性的因素，是扬弃统一的有机过程。元宇宙将现有媒介形态重新解构后分门别类、各安其位，形成新

---

[1] 保罗·莱文森. 数字麦克卢汉：信息化新纪元指南[M]. 何道宽, 译. 北京：社会科学文献出版社, 2001: 179.

的媒介样态，原有媒介形式和价值均可在元宇宙中找到自己的影子，被解构的媒介要素在其中进行更优化的重组，发挥自身原有优势的同时，在新的框架中更新自身的功能。这一整套的补偿机制，印证了媒介进化是一种系统内的自调节和自组织。

当前，面对纷繁复杂的社交平台和社交网络，用户每天沉浸在信息的狂轰滥炸中，社交负担过载的个体逐渐选择抽离所在的位置，甚至从既定的身份、支持系统与社会义务中脱离，陷入自我封锁状态。很多用户试图逃离现有的连接方式，更愿意聚集在依托"弱连接"和"趣缘连接"的社群或社区。元宇宙的出现为社会关系的重构提供了新的解决路径，有助于处于"脱嵌"危机的个体通过行动介入空间实践，"再嵌入"到社会结构之中，实现社交网络的线上"再建立"。首先，元宇宙的核心驱动力是"用户创造价值"，其数字内容和场景内容的体量庞大繁杂到世界上没有任何一家公司或平台能够独立完成，必须依靠每一个元宇宙居民持续地进行数字生产和价值创造，才能建立起一个独立的、持续更新的数字未来图景。在元宇宙环境中，用户的共同生产、共同创造拉近了用户之间的连接黏性。其次，虚拟身份的使用有助于消除种族、地域、文化、阶级的偏见，相较于实体交往，数字化的交往更多维、更便捷、更高效。除了这些新的变化，元宇宙社交仍然会汲取此前移动互联社交和算法社交的成功经验，将社交的移动化、流动化、虚拟化和智能化提升到新的高度。

基于网络社交、资讯、娱乐等方面的创新变化，元宇宙更新了人与社会建立联系的方式，也拓展了人类感知周边生活空间的边界与范围，同时孕育着一系列产业的升级换代。

以虚拟办公室服务为定位的 Gather，不仅寄希望于把办公搬到线上，还希望打造有温度的社交。在 Gather 中，用户可以举办生日派对、密室逃脱、产品发布会等大型活动，以及搭建餐厅、游戏厅、酒吧等，不断完善更新的功能和体验使得这一平台仅用了两年时间，就吸纳了 1000 万用户，并招揽逾 10000 个团队入驻。以 Gather 为例的元宇宙社交平台就是对以往在线会议软件、在线社交平台功能不足之处的一种补偿和创新。这一过程其实也体现出媒介演进的人性化趋势，即媒介的人性化设计越来越多，而人为性越来越少。所以，基于技术和人文关怀升级的元宇宙社交不仅是对以往社交模式的生理性补偿，也是一种心理补偿。

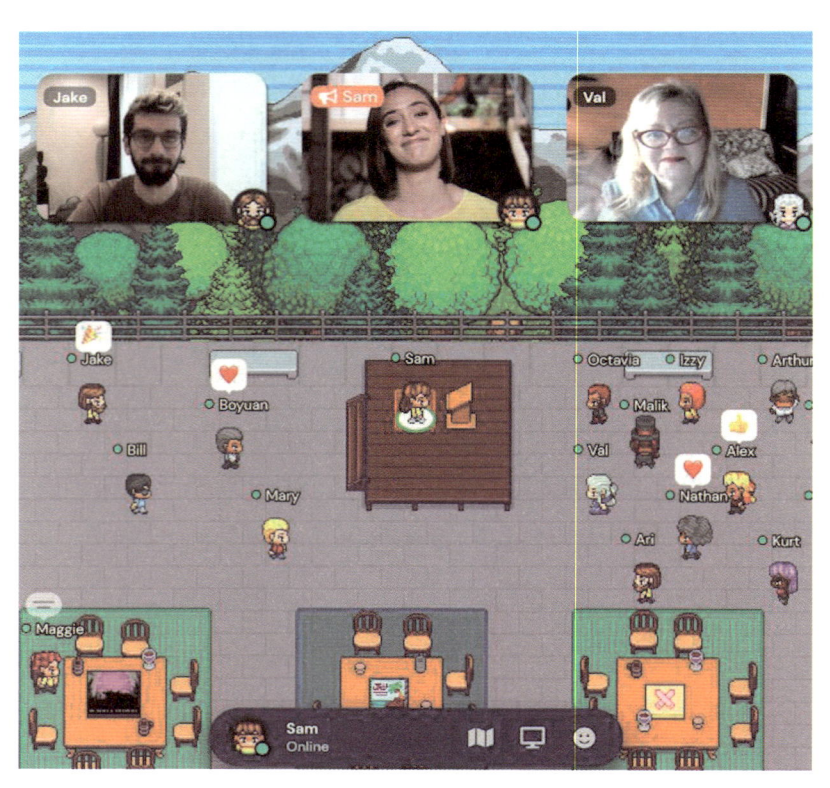

Gather 平台界面（来源：网络）

第二节　元宇宙是人类生产方式的升级

元宇宙不仅改变了我们的生活，还影响着社会生产的方方面面。作为单点创新的集合体，元宇宙是人类社会生产力发展的必然结果，也催生出新型生产力。在此基础上，人们对生产资料占有和支配的关系，人与人之间的关系及产品的分配形式也得到了升级。立足于经济生产视角，元宇宙这片"新大陆"如何使生产生态革故鼎新，破立并行，值得我们深入探讨。

（一）元宇宙成为下一代生产力工具

自近代以来，人类社会共经历了三次生产力的变革，第一次是跃居农业之上的工业革命，分工、水力和机器装置是这一时代的重要支柱。第二次是19世纪六七十年代开始的电力革命，电报、电话、汽车、内燃机等电气新发明如雨后春笋般崛起。第三次是以原子能、空间技术和电子计算机、信息技术为主要内容的信息革命，科学技术新成果高速增长，更新换代快，周期短，对人类社会也产生了巨大的影响。如今，我们正迈入第四次生产力变革浪潮，德裔学者施瓦布也将其称为"第四次工业革命"，以人工智能、云计算、区块链、物联网等为代表的数字化技术力量，正在把人类社会带入一个万物互联，永久在线的新征程。元宇宙正是这些技术要素的聚合体，在科技的赋能下，已经升级为下一代生产力工具，在更大范围、更深层次的科技革命和产业变革中，对整个经济形态、生产生活、社会交往、思维认知产生颠覆性的影响。

1. 元宇宙把创作者经济带到劳动者的黄金时代

作为生产力三要素之一,劳动者是元宇宙革命中变化最为突出的一点。首先,劳动主体发生了质的突破,算力技术所创造的新生命体——AI,化身劳动的智能执行者,甚至在某些职业和工作方面,将替代人类成为成本更低、效率更高、更受欢迎的优质劳动力。当然,这一目标的实现有赖于算力的成熟发展。更重要的是,元宇宙把创作者经济时代带到人们眼前,劳动力开始以创作者而非基础劳工的身份存在于新的世界中。虽然内容创作者的崛起在元宇宙中并不是新鲜事,但是把内容的所有权交还给创作者本身却是一次全新的突破。从"人们需要什么,平台就创造什么"转变为"创作者创造了什么,人们就拥有了什么",一个使创作者自由发展的黄金时代已经在不远处。

(1) 新范式下的创作者崛起

创作者经济带来了一种新范式,即"元创作"(Meta Creation),取超越创作之意,代表了对此前由算法和平台主导的创作模式的革新。这一范式的转变,是时代孕育的结果,也需要更实际的支持。具体来看,创作者经济主要包括以下三个支撑条件。

一是个体影响力的提升。随着社会单元逐渐由机构组织解构为个体,个人在内容创作和渠道选择上的权利逐渐得到解放。每个人可以凭借时代的红利和个人的实力,发展成为不可小觑的KOL("关键意见领袖"),甚至可以与更大的商业实体竞争注意力与金钱。平凡个体微力量的被发现与被认可为创作者经济的到来奠定了坚实的基础。

被称为"元宇宙第一股"的Roblox是全球影响力最大的沙

盒类游戏公司，主要面向儿童和青少年群体，是一个集游戏创作和大型社区于一体的互动平台。Roblox 并不掌控游戏走向与情节发展，这些全部交由玩家来决定，Roblox 只提供工具和平台供开发者自由想象与创作。玩家既可以玩别人开发的游戏，也可以自己设计游戏让其他玩家玩。Roblox 让社会经验不足的低龄群体，可以享受到自己创造财富的成就感，也让他们体会到影响着一群人甚至整个时代的内容创作者的自豪。

Roblox 公司游戏海报（来源：网络）

二是身份标识的确认。在元宇宙中，身份标识是数字身份不可或缺的要素，它不仅是对身份的确认，更是一种行为和合集。一个最终服务于几亿人的元宇宙系统需要简单快速又能准确识别身份信息，NFT 基于其不可重复和不可复制的特点及其相对简单清晰的架构恰好可以满足身份识别这一需求。NFT（non-fungible token），即非同质化代币，是一种被称为区块链数位账本上的数据单位，通常是指开发者在以太坊平台上根据 ERC721 标准 / 协议所发行的代币。每个代币对应一个不可篡改的数字ID，这个数字ID一般包括以该NFT作为所有权凭证的资产的元数据（或者元数据链接）、所有的交易信息、交易方的数字签名等。在这个基础上，每一件作品、每一个用户都可以获得独一无二的身份标识。元宇宙中的创作可以根据可靠的身份标识给用户贴上不同的标签，安排不同的运营策略，如赋予用户元宇宙进入的优先权，根据信用评定设置进入门槛，等等。

三是创作的协作属性。创作者经济的范畴并不局限于数字内容，而是可以延伸到游戏平台、虚拟社区、建筑设计、城市管理等各个层面。创作者与一般参与者的身份边界变得模糊，创作不再是一个人的事情，它是一种基于去中心化特质的广泛参与的形式，创作与协作是整个元宇宙世界的底层逻辑。

（2）所有权经济创作下的劳动者升级

在"元创作"新范式下，创作者至上。创作者经济的精神其实在Web1.0时代便已崭露头角，比如商户可以创建自己的网站，但这一红利仍局限于少数人。到了Web2.0时代，普通创作者的大面积崛起，让创作者经济找到了新的依托。第一代"看门人"——出版商等大型制作公司逐渐隐退，Facebook（脸书）等互联网平台巨头走上前台，承担起新的"看门人"角色。平台不断给予优质创作者巨大的流量和资金支持，希望他们能留在自己的平台上发光发热。当然，在平台意识到创作者的重要性之后，也开始放权给创作者，让他们自由探索变现的可能。随着创作者收入来源逐渐多元化，以及对内容收益所有权的意识觉醒，Web3.0时代的创作者经济呼之欲出。

相较于前两个阶段，Web3.0时代创作者经济最大的改变在于从注意力经济过渡到所有权经济。此前，创作者缺少创作的机会，随后又因受制于平台和算法的操纵，为流量买单，为平台打工，内容多为博眼球，浮于表面，吸引用户注意力是创作者的最大使命。在对新"看门人"的依赖下，创作者经济的潜力很难被彻底挖掘，也很难持续。但是，Web3.0高度尊重创作者的权益，以去中心化的形式赋予创作者极大的生产动力。DAO为这种生产资料控制权的转移提供了巨大的支持。DAO（Decentralized Autonomous Organization），也称去中心化自治组织，在DAO中，创作者脱离了中介平台和平台施加的各种协议规则，获得了极大的自由。与此同时，DAO的治理由成员共同决定，创作者也是参与者，大家协同创作、管理创作、分配创作收益，营造了一种民主化的内容生态。

在元宇宙中，劳动者的劳动空间得以拓展，还拥有了新的劳动身份与合作伙伴，最重要的是，获得了前所未有的劳动所有权。与此同时，劳动者的能力和素质也将在新的社会和行业要求中有所提升。

2. 元宇宙数字经济发展带来劳动对象的数据化

劳动所作用的客体是生产过程得以延续的重要部分，元宇宙的到来，得益于数字经济的飞速发展，尤其是在数字经济上升为国家战略后，数字化建设的进程大幅加快。在这一背景下，整体的劳动形态朝数字化和智能化转型，劳动对象的数据化程度进一步加深，无论是劳动者作为终端所输出的信息，还是内容生产的形式，都变形为"比特"式的数据。

（1）数字经济发展战略推动数字化建设

世界经济向以信息网络技术产业为重要内容的经济活动的转变，将发展数字经济迅速提升到国家战略地位。相比农业经济和工业经济，数字经济是社会化水平更高的经济形态，以创新的经济模式和潜力，跻身为国际经济竞争的重要筹码。"十三五"时期，我国便深入实施了数字经济发展战略，进入"十四五"时期，我国数字经济发展进一步加速，取得了显著成果。习近平总书记就数字经济的建设发表过多次讲话，强调了这一举措的重要意义，中央也陆续出台多部相关政策，规划了数字经济的发展方向与要点。具体来看，主要包括以下三个方面。

一是推进关键数字技术创新应用。数字技术是数字经济发展的重要基石，以技术创新和应用为引擎，推动数字经济的高质量发展，是培育经济新动能的底层保障。在《国家创新驱动发展战略纲要》中明确指出，要"发展新一代信息网络技术"[1]，加强前沿技术的研发和综合应用。之后，虚拟现实产业的发展和以云计算、大数据和人工智能技术为代表的"上云用数赋智"行动受到国家的高度重视。"十四五"规划纲要中又提出"聚焦高端芯片、操作系统、人工智能关键算法、传感器等关键领域，加快推进基础理论、基础算法、装备材料等研发突破与迭代应用"[2]。由此可见，多项顶层政策表现出技术利好趋势，为前沿技术的大胆突

---

[1] 中国政府网. 中共中央 国务院印发《国家创新驱动发展战略纲要》[EB/OL]. http://www.gov.cn/zhengce/2016—05/19/content_5074812.htm.

[2] 中国政府网. 中华人民共和国国民经济和社会发展第十四个五年规划和2035年远景目标纲要[EB/OL].http://www.gov.cn/xinwen/2021—03/13/content_5592681.htm.

破与创新背书。

二是推动数字产业化建设。数字产业化是指以"数字+"的形式培育壮大人工智能、大数据、区块链、云计算、网络安全等新兴数字产业。习近平总书记曾在全国网络安全和信息化工作会议上明确了数字产业化的做法，即"依靠信息技术创新驱动，不断催生新产业新业态新模式，用新动能推动新发展"[1]。这一指示为数字化建设明确了努力的方向之一，即加快数字的高度产业化，将新型数字产业做大做强，进一步激活产业活力，发挥数字化优势平台和企业的引领作用，从而带动整个产业的繁荣发展。

三是加快产业数字化进程。数字产业化和产业数字化是数字经济建设的一体两面，前者强调新兴数字产业的重要性，后者以"产业+"为主要模式，关注数字技术对传统产业的赋能。《"十四五"数字经济发展规划》中将产业数字化转型总结为"企业数字化转型升级""重点产业数字化转型""产业园区和产业集群数字化转型"和"培育转型支撑服务生态"[2]。因此，数字化转型强调的是从研发设计、生产制造、经营管理到市场服务进行全方位、全环节和全链条的改造与升级，"提高全要素生产率，释放数字对经济发展的放大、叠加、倍增作用"[3]。元宇宙是整个现实世界的数字化迁徙，是数字化程度的进一步加深，因此，各行各业会进一步面临数字化转型的挑战。那时，各行各业不仅能在元宇

---

[1] 中国政府网. 习近平出席全国网络安全和信息化工作会议并发表重要讲话［EB/OL］.http://www.gov.cn/xinwen/2018—04/21/content_5284783.htm.

[2] 中国政府网. 国务院关于印发"十四五"数字经济发展规划的通知［EB/OL］.http://www.gov.cn/zhengce/zhengceku/2022—01/12/content_5667817.htm.

[3] 中国政府网. 习近平出席全国网络安全和信息化工作会议并发表重要讲话［EB/OL］.http://www.gov.cn/xinwen/2018—04/21/content_5284783.htm.

宙中提供虚拟服务，还能将虚拟服务的经验与收益带到现实世界中来，在元宇宙的加持下完成方方面面的蜕变。总的来说，产业数字化的过程就是数字技术与实体经济深度融合的过程。

近年来，国家高度关注新经济的发展与数字科技的突破，为政府机构及行业部门具体贯彻落实指出了发展目标和具体行动。随着相关政策的不断出台，数字经济发展规划将会更科学、更全面。数字化建设作为数字经济发展的要求之一，也将会因此受益。随着人类生活阵地逐步从线下迁移到线上，以提供生产和生活服务为生的行业集群，必然要跟上时代潮流，反思自身的生产模式、组织机制和管理体系，谋划各自的数字化发展蓝图，加快产业的数字化转型与数字产业的落地。

表1 关于发展数字经济的相关政策文件

时间	政策文件
2016年5月	《国家创新驱动发展战略纲要》
2018年12月	《关于加快推进虚拟现实产业发展的指导意见》
2019年10月	《国家数字经济创新发展试验区实施方案》
2020年3月	《中小企业数字化赋能专项行动方案》
2020年3月	《关于推动工业互联网加快发展的通知》
2020年4月	《关于推进"上云用数赋智"行动 培育新经济发展实施方案》
2020年4月	《关于构建更加完善的要素市场化配置体制机制的意见》
2020年7月	《关于支持新业态新模式健康发展激活消费市场带动扩大就业的意见》

续表

时间	政策文件
2021年3月	《中华人民共和国国民经济和社会发展第十四个五年规划和2035年远景目标纲要》
2021年9月	《物联网新型基础设施建设三年行动计划（2021—2023）》
2021年11月	《"十四五"大数据产业发展规划》
2022年1月	《"十四五"数字经济发展规划》

（2）数据成为核心生产要素

在数字经济的背景下追问元宇宙如何提升生产能力，答案是数据成为核心生产要素。在元宇宙中，数据是一种核心战略资源，数据无处不在，终端产生的数据呈指数级增长，数据处理和利用的频率也越来越高，无论是从量级还是从投入使用的程度看，数据都将是整个社会及各行各业存续发展的核心。具体到行业发展，数据的升级意味着数字化要素的全面渗透，要用数字化的方式帮助企业和行业解决生产、流通、消费和分配问题，从而构建更具创造力的数字化商业实体。

一般来说，产品服务的数据化、运营的数据化和商业模式的数据化是各行业数字化建设的主要发力点，而这种数据与行业的深度融合其实是生产力和生产关系的升级。从生产要素的比较看，实体经济要素以稀缺性、壁垒性、地域性、固定性和封闭性为主要特点，而数字经济要素打破了此前存在的种种障碍，以泛生性、开放性、流动性、普惠性和虚拟性的优势成功破圈。生产要素的升级进而引来生产力和生产关系的升维。中国银行启动了数字化中国航天科技集团启动了数字航天战略，从科研生产、经营管理到商业模式，数据思维和意识贯穿始终。在模型和数据的驱动下，长征五号、长征七号、新一代载人飞船和火星探测器等国家重大工程初步实现全数字化研制。基于国密网、商密网、互联网三网融合的统一管控平台，航天科技的管控效率大幅提升。业务上开辟了航天科技新的服务渠道和盈利模式。数据要素的全面渗透，使航天科技快速走在我国战略高技术领域的前沿。进入元宇宙时代，数据将不仅仅是工具或资源，而是会转化成一种资产，用于再生产和价值变现。已经搭上数据红利列车的企业和行业，会在元宇宙的驱动下，进一步让数据说话，用数据智能与创新辅助管理和决策，发挥数据的最大价值。

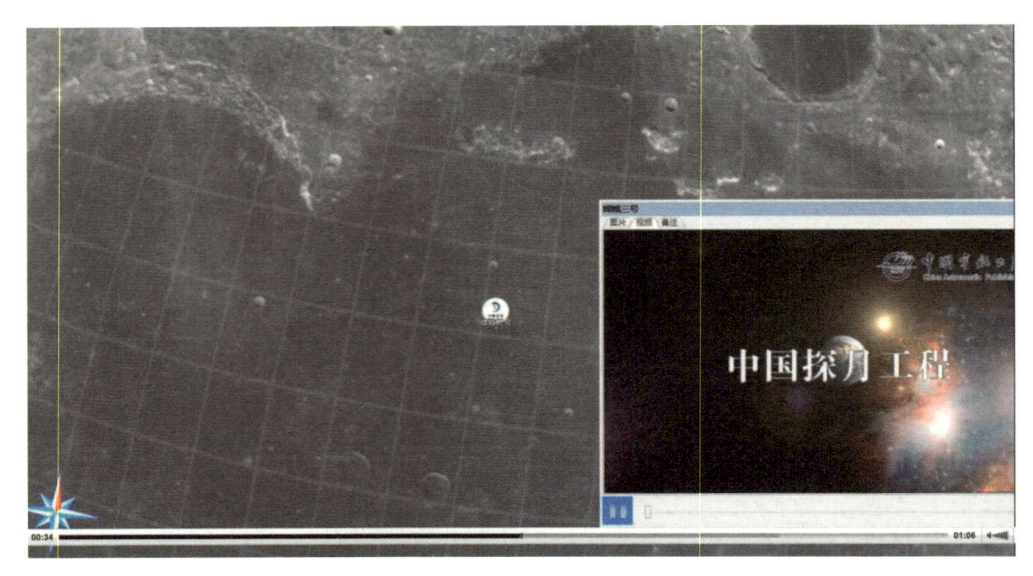

"中国宇航三维数字月球"视频截图（来源：中国航天科技官网）

基建项目"绿洲工程",依托分布式技术平台、移动端开发框架和大数据技术平台实现了金融级基础技术支撑能力的提升,提高了生产效率与金融服务的能力。与此同时,中国银行深耕场景服务,通过引入便捷的数字化功能和需求对标产品,为广大用户提供衣、食、住、行、医、教、娱一站式体验,使银行与客户的关系变得更紧密。可以说,中国银行在新的数据生产要素的引领下,顺利实现了生产模式与企客关系的转型。因此,更本质地来讲,数字化建设就是将以工业设备和人力资源为核心的生产力升级为以计算能力为核心的新生产力,而用户与企业的关系、企业内部成员的关系等生产关系也会进一步升级。基于此,元宇宙所构造的数字化社会有赖于劳动对象形态的转化,在数据的赋能下,生产力完成跨越式发展。

3. 元宇宙科技集群带来生产资料的智能化

科学技术是第一生产力,技术的发展是社会物质条件改善的重要标志。大数据、人工智能、虚拟现实技术等新一代科技集群化身最先进的劳动资料和生产工具,是元宇宙推动生产力升级的又一大表现。其中,生产工具的不断进化和下沉普及是元宇宙生产资料升级的两条主线。从生产资料的优化看,元宇宙极大地改变了人们的生产力工具、沟通工具和协作工具,比如 VR/AR 技术带来沉浸式体验,从而激发人们的创造力,提升工作效率。根据 Facebook 发布的《视频及 VR 会议比较:沟通行为研究》,在采用化身的虚拟会议中,肢体语言的使用和频繁的听众反馈能显著提高沟通效果。❶ 云计算和边缘计算技术为大规模实时远程协作提供了可能。人工智能技术的成熟发展进一步解放了人类，提升了工作和生活的智能化程度。在此趋势下，各行业蠢蠢欲动，启动"搬进元宇宙"的战略计划。比如，咨询行业巨头麦肯锡官宣成立千人元宇宙 AI 团队，波士顿也宣布在元宇宙成立办公室，让员工可以在元宇宙里画 PPT。另外，在元宇宙工具的演进路径中，实时渲染也是一种确定性的发展趋势，3D 场景以高度逼真和实时交互的优势成功取代 2D，成为各大科技巨头相继抢注的赛道。

从生产工具的普及看，元宇宙所推行的开源、共创、共享理念起到了重要的引领作用。如何使技术"平民化"，让更多的创作者掌握和使用更轻便的创作工具，是元宇宙时代下的特殊思考。被称为"中国 Adobe"的创意软件公司万兴科技在创作工具上的发力为这一目标的实现提供了参考。万兴科技旗下的数字创意云平台 Wondershare Filmstock 提供 SaaS（Software as a Service，软件即服务）化数字创意资源服务，用户可以在平台中获取海内外优质正版素材。为了积极拥抱元宇宙，Wondershare Filmstock 还在 2022 年 2 月上线了 3D 模型平台，致力于为创作者提供更多的 3D 素材，之后也会专注于增强 Spline、Vectary 等轻量化工具对于大众的赋能。在元宇宙生产力巨变的过程中，生产工具的下沉将是必然趋势。与此同时，创作者经济的浪潮也会让生产工具"走入寻常百姓家"，助力每个人的创意生产与传播。

---

❶ 华泰睿思.华泰 | 元宇宙如何成为下一代生产力工具？［EB/OL］.https://mp.weixin.qq.com/s/uPH8r6sa6CF3VeEbSo58bg.

Unity 是 3D 领域的佼佼者，基于 Unity 引擎开发的游戏数不胜数，比如《纪念碑谷》《完美世界》《王者荣耀》《明日方舟》等。当前，Unity 正在致力于撕破"游戏引擎"的单一标签，转向"交互式内容创作引擎"，服务于整个元宇宙的建设。据悉，Unity 已经重金投入到数字孪生、工业互联网、汽车、运输、建筑、VR/AR、数字城市等方面，希望为工业领域提供更多的工具产品和解决方案。可以推测，引擎工具的全方位铺开，将会有利于搭建一个高度还原现实的虚拟世界，不仅可以帮助开发线上生产生活的各种个性化服务，还可以借助低成本的模拟与演练，加速虚实世界的融合。

企业支持服务

用服务

共使用解决方案，包括：项目审查及优化、术培训、现场支持、新版本Unity中Bug Fix效到指定Unity版本、引擎定制开发、官方问答服务等

系我们

定制服务

提供多种本地定制服务，以往案例包括：XR SDK 集成、定制化AR项目、基于照片的相似人脸搜索、联机烘焙光照贴图Enlighten、虚拟城市重建解决方案、企业版China Cloud Build部署等

联系我们

UPR 服务

UPR是Unity官方提供的专业在线性能优化工具，旨在帮助开发者诊断与优化游戏项目开发过程中存在的性能问题，提供零侵入方便易用的测试工具

联系我们

Unity 为企业提供定制化服务（来源：Unity 中国官网）

4. 元宇宙数字空间带来业务生产力的提升

元宇宙不仅能对单一行业升级，而且会赋能所有行业，概括来说，就是千行万业都在元宇宙化。元宇宙化即"行业+元宇宙"，首先表现在为行业开展业务提供了新的场域，如虚拟旅游、虚拟会展、虚拟金融、虚拟零售、虚拟广告、虚拟体育等。业务的虚拟化会进一步激发行业新动能，助力行业高质量发展。2020年，由于疫情影响，全球最大的潮流嘉年华ComplexCon推出了一场盛大的虚拟潮流展会ComplexLand，实现了时尚和游戏的跨界融合。用户无须下载插件，也无须佩戴可穿戴设备，便可顺利访问游戏界面。在ComplexLand里，用户可以创建自己的虚拟化身，在线浏览和购买众多时尚品牌旗下的服饰。除此之外，用户还可以观看演出、订餐、探索音乐、观赏艺术品，这些都带给用户尤其是青年群体全新的沉浸式体验。搭建虚拟场景，试水元宇宙业务，给予了众多行业新的生机，无论是从空间解放，还是从形式拓展来说，都是一次重要的突破。

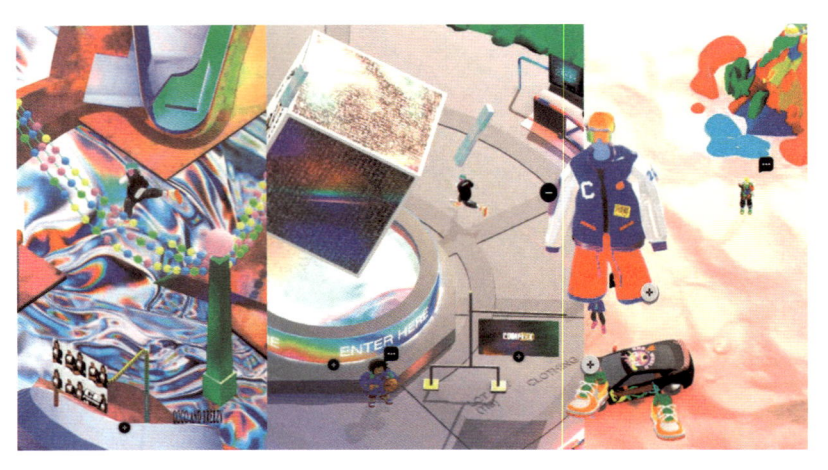

ComplexLand致力于打造元宇宙购物体验（来源：Complexland官网）

业务领域的创新继而开辟出新的客户和市场。一方面，业务和服务形式的升级，吸引新用户买单。例如，GUCCI 携手 Snapchat，利用 XR、VR 等虚拟技术，推出在线试穿功能。用户在 Snapchat 上挑选鞋子时，只需要把手机对准自己的脚，就能看见试穿效果。这一功能的延伸，抓住了习惯网络购物的用户喜好，以提供仿真试鞋服务，增加线上消费的客流量，提升转化率。另一方面，数字化产品的设计，衍生出新的市场。GUCCI 还推出了数字化球鞋，用户可以试穿、付费、分享等，一键彰显自己的消费风格与态度。今年 2 月，GUCCI 还与潮玩公司 Superplastic 合作，推出了 SuperGucci 系列数字藏品，拓宽了线上营销的市场。元宇宙对于每个行业来说，都是一场"东风"，借力元宇宙，各行各业可以挖掘新的增长点，寻求突破口，即使是从最简单的业务升级出发，也有机会开拓新的市场机遇。

总的来说，业务生产力提高的背后是行业价值链和产业链的进一步延长。由于元宇宙搭建的是一个全生态的产业图景，因此元宇宙业务的拓展不仅会受益于基础设施的完善，还会在增强用户体验、服务向度和范围等方面有新的改观。基于此，各行各业便能在元宇宙的赋能下盘活存量，挖掘增量，实现经济效益的提升。

（二）元宇宙建立生产关系新秩序

生产力的升级只是元宇宙作用于社会生产的第一步，在"生产力决定生产关系"的理论视域下，元宇宙也带来了生产关系的升级。马克思将广义的生产关系定义为"各个人借以进行生产的社会关系"[1]，因此，凡是在生产过程中所产生的关系都是生产关系的一部分。一般来说，生产关系有两种结构划分的依据，从纵向上看，生产资料所有制是生产关系的基础性和决定性要素。从横向上看，生产关系主要对应生产、交换、分配和消费四个环节中所产生的联系。除此之外，像劳动分工与协作、企业管理与合作等其他关系也是生产关系的重要内容。元宇宙对于生产关系的建构不只是单一层面的，而是涉及了经济关系、协作关系、组织关系等多种类型，在此基础上，新的生产关系秩序得以建立，新的经济体系也由此诞生。

1. 元宇宙生产关系升维的内容
（1）元宇宙交换的关系属性增强

交换存在于生产和分工之中，在元宇宙中，生产和分工将围绕 Web3.0 基础下的创作者经济展开。马克思曾将交换的演变总结为物物交换、买卖交换和商业交换三个阶段。[2]第一个阶段是以物换物的简单流通，以维持生活为主。第二个阶段，由于商品出现剩余，出现了货币，交换的目的是使用价值的获取。第三个阶段，劳动力成为商品，劳动成为雇佣劳动，货币成为资本，商业交换不仅产生使用价值，还创造了财富。总体而言，此前的交换关系多聚焦于个体需求的满足及资本市场的填补，但元宇宙中

---

[1] 中共中央马克思恩格斯列宁斯大林著作编译局. 马克思恩格斯文集：第二卷[M]. 北京：人民出版社，2009：345.

[2] 马克思，恩格斯. 马克思恩格斯全集：第46卷[M]. 北京：人民出版社，1979：175.

的交换关系呈现出新的特点，一是劳动者之间的关系价值和关系建设越来越重要，二是劳动雇佣关系或将淡化。

首先，创作者之间的关系将会更紧密。由于创作者既是生产者，也是消费者，产消合一的身份为其产生的交换提供了全新的注脚。进一步讲，传统的交换关系止步于需求的对调，但是元宇宙中的交换还有望成为一种投资行为。加密风投机构 Variant Fund 创始人杰西·沃尔登曾提出"资助+"（patronage+）的概念，意为有盈利可能性的资助。传统的资助模式直接对接内容产品，使创作者获益，而"资助+"得益于代币的所有权化，当代币增值后，买方也会因此获益。除了简单的投资与资助关系，用户与创作者很有可能发展成为一个志同道合的社区，因为这种交易的背后，是对创作者价值和观点的认可，是更深层次的、更坚固的关系逻辑。

其次，平台和用户的关系将会更平等。即使传统的雇佣关系仍然存在，平台也不再是创作者的"主人"，创作者也不再需要为平台吸引流量，二者更需要的是互相依存与支持。或许，当创作者实现自给自足后，便不用受雇于传统的公司和单位。因为在去中心化管理和权益由所有者持有的影响下，用户可能会越过企业和公司，直接参与市场交易，交换产品与代币，这也被称为DTC（Direct to Consumer，直接面对消费者）模式，个体与市场的连接将进一步去中介化、脱媒化。在此基础上，创作者将不再为公司打工、由公司发放工资，而是自己运营自己，成为自己的老板。

这背后体现的其实也是劳动力属性的改变，传统的科层制管理退居幕后，劳动力逐渐获得解放，企业和社会不断为劳动者提

2022年5月，音乐流媒体平台Spotify开始内测NFT功能，允许艺术家在个人主页推广他们的NFT作品，粉丝可以在NFT交易平台OpenSea查看更多信息或进行购买。通过万物上链，每一个作品都能拥有一条可以溯源和附有所有权信息的可验证的链上记录，这样，每一个NFT都是独特且唯一的。当粉丝对作品感兴趣，愿意主动付费时，收益便可以越过平台或者其他中介，直接落到创作者手中。这种交换方式，对于卖方而言，具有直接的经济意义，对于买方，也有体现收藏品位、满足爱好投资等精神层面的价值。供需双方需求都获得满足，才使得这种稀缺性的价值发挥到最大。

Spotify试水音乐NFT（来源：网络）

供一定的激励措施，使劳动力极大地增强了主人翁意识。劳动力组织方式的解构与重构，或许还是一种大胆的猜想，但是人们追随人，而不是追随公司，个人将平台商品化，而不是平台将人商品化的理想目标，正在逐步照进现实。

（2）元宇宙收益分配的机制透明化

党的十七大明确要求，"坚持和完善按劳分配为主体、多种分配方式并存的分配制度，健全劳动、资本、技术、管理等生产要素按贡献参与分配的制度"[1]，这一提法与元宇宙所强调的激活和创造价值与财富的内涵相适配，因此具有一定的适用性。所以，在元宇宙中，按劳分配和非劳动等生产要素分配依旧是收益分配的基本标准。进步的是，元宇宙技术的介入，保障了每一次按贡献参与分配的过程和结果透明化，这也在一定程度上实现了分配的公平正义。

因为在元宇宙中，创作经常是一种协作行为，如何使所有参与创作的创作者都能获得收益，而不仅仅偏向于单一的创作者，是收益分配重点要考虑的问题。作品代币化，版税便随之产生，对于整个贡献链如何自动分配收入，去中心化内容发布平台 Mirror 在早期做了一些有益的尝试。Mirror 将文章铸造为 NFT，用户可以在文章页面点击购买，费用会直接进入作者的数字钱包。因为这个数字钱包连接着作者专属的 ENS 地址（也就是元宇宙世界中的域名服务商，一般以".eth"的域名结尾），所以不会出现平台分成的情况。针对协作型作品，Mirror 开辟了收益共享的

---

[1] 中共中央文献研究室.十七大以来重要文献选编(上)[M].北京：中央文献出版社，2009：30.

功能，即在 Splits 中创建有明确分成比例的分流，由系统自动完成后续收益的分配。当然，这种收益分流的功能还比较基础，当协作者数量更多或协作性质更复杂时，一套更高效、更公平、更智能的可编程经济模型就成为必不可少的工具。因此，在元宇宙中，除了延续传统的分配标准，每个参与者实际贡献值的量定与确权将会得到进一步的明确，进而保障所有创作者应得的权益。

（3）元宇宙的消费指向多元化

消费既是生产的目标，也是生产的动力，这一辩证关系在元宇宙中同样成立，只是随着元宇宙消费频率的大幅提高，消费方式更加多元，比如从物质消费转向数字产品的消费，从实用消费转向精神体验消费，从单次消费变为多次消费。

首先，消费对象的扩容无疑加速消费阵地的数字化转移。在元宇宙中，土地、数据、技术、劳动力、资本这五大要素一方面复刻现实世界，另一方面又创造出新的形态。以土地为例，由于物质守恒定律和自然资源的约束，现实世界中的土地是有限的，但元宇宙中的土地是虚拟的，不受面积的限制。据统计，截至 2021 年年末，元宇宙几大核心平台供给的虚拟土地总数约为 424,665 块，假设单位地块年产值为 5 万美元，那么现存的虚拟土地有望触达 212 亿美元的市场空间。可见，偌大的虚拟市场潜力将会不断刺激线上消费的产生。

其次，消费是元宇宙发展和落地的重要场景，随着数字产品创作数量的暴涨和独特性的彰显，习惯了"永久在线"的用户将趋之若鹜。今年 6 月份，品牌数智经营平台阿里妈妈联合栩栩华生在元宇宙数字杂志 *MO Magazine* 中推出一期主题为"Newtopia"

的短片，有意在元宇宙中搭建一个与当代品牌紧密连接的理想世界。短片中每个品牌都有不同的故事设计和不同风格的背景，由用户自主探索进入品牌页面。美轮美奂的艺术设计，增强了未来感，也升级了用户体验，开辟了数字营销和用户消费的新场景和新形态。元宇宙对沉浸式体验的追逐与元宇宙数字产业的发展壮大，会进一步抓住消费

MO Magazine 数字杂志中的"Newtopia"主题封面（来源：MO Magazine 微信公众号）

者的痛点，带来更多的消费可能性，像"Newtopia"所展示的"消费热"将成为元宇宙的常态。

最后，消费的次数不受限制。传统经济学以资源稀缺性为标准，设定商品的价格和价值。元宇宙中的"稀缺性"虽然在数量上不成立，但在归属权方面，有了新的内涵，这种稀缺性是人为创造的。NFT 数字商品就是这种稀缺性的集中表现，通过各种技术手段对其进行加密、信息防扩散、防篡改等，发行在数字空间中的每一件藏品最终都是独一无二的。不过，产品的稀缺不等于消费的稀缺，无限的创作将不断更新市场供给，每一位用户的创

造都被赋予了价值交换的可能。更重要的是，对NFT的引入，每个产品的拥有者可以自主决定出售情况，也就是说，元宇宙支持灵活的创造与交易，数字产品既可以在初次的供需双方交换中完成价值转移，也能在二次市场流通中灵活调整，进一步增强价值转移功能。

2. 元宇宙核心科技重塑多重生产关系

（1）商业模式向用户倾斜

在传统的生产关系之外，商业模式的改变见证了企客关系的升级。在这一过程中，区块链技术发挥着巨大的作用。例如，基于区块链的NFT和加密货币在游戏中的融入，正在改变游戏生态，催生利益的重新分配，尤其表现为用户可以自主掌控游戏资产的支配情况。Axie Infinity是一款由越南工作室Sky Mavis开发设计的区块链游戏，因"Play to Earn"玩赚模式而广受玩家喜爱。游戏发生在Axie生物居住的虚拟环境中，开启游戏的前提是玩家需自行购买三个Axie，生物Axies均以NFT的形式存在，可以作为"战士"参加战斗。游戏过程主要使用两种基于以太坊发行的代币，包括Axie Infinity Shards（AXS）和Smooth Love Potion（SLP），其中，SLP代币既是游戏比赛的奖励，也是玩家排名的标准，还可以在现实世界中提现换取现金。最重要的是，玩家可以在Axie市场上自由出售他们所有的游戏物品，包括游戏中的土地、角色、Axies等。这种P2E模式便是商业模式向用户倾斜的集中表现，不仅有更灵活的玩法让玩家自主探索，还真正放权给玩家，允许其持有游戏收益。基于上述分析，加上元宇宙对用户生产内容的高度重视和认可，可以推测，类似的商业模式将是元宇宙商业的新蓝海和新趋势，重点甚至会从"以用户为主"变为"把用户放在首位"。

（2）协作模式透明化、低成本

协作模式关乎行业资源开放共享的程度，也是行业合作关系的重要体现。传统的数据共享往往存在权属不清、安全责任边界模糊、管控过于集中等问题，而基于区块链搭建的数据共享系统有望实现数据溯源、数据标记确权和数据共享管控。2018年7月，百度云区块链解决方案首次公开亮相百度AI开发者大会，时隔4个月后又推出区块链即服务（BaaS）体系，旨在打造一站式区块链赋能中心。以金融行业为例，百度云区块链通过底层百度大数据的建设，可以实现用户数据的可信查询和金融信息的可信共享。百度云还与第三方信息提供方、金融机构等共同组成了一个弱中心化的行业联盟，在跨组织的可信数据共享平台中保障信息的安全流转，解决行业信息壁垒和信息差的难题，还能有效地控制金融风险的发生。元宇宙秉承着开放开源的理念，是区块链技术重要的落地场景，而只有当数据共享的问题得到妥善解决，才能真正实现元宇宙的这一理想状态。

在降低交易成本方面，区块链也将大有可为。传统交易机制一般需要第三方中介机构的介入，信任成本较高，但在区块链的赋能下，元宇宙或能建立起低成本的社会共识机制。由于区块链是一种使用密码技术链接将共识确认过的区块按顺序追加而形成的分布式账本，参与交易的所有成员都可以被赋予传统中心化的权利，见证每一笔交易的发生，在共识基础之上确认交易记录，并且防止篡改。因此，元宇宙中的协作将会极大地简化，交易摩擦的减少，也会提升构建共识的效率，从而增加交易的频率，创造广阔的数字财富。

（3）组织管理自主化、去中心化

基于区块链和智能合约，企业组织管理范式也发生了重大转变。由于去中心化组织 DAO 将治理规则编码在区块链上，不受制于中心化的管理，所以相较于传统的金字塔式管理架构，表现出自主化、组织化、有序化和去中心化的优势。首先，DAO 中的业务交流由网络节点与节点之间的资源禀赋和利益沟通所决定，不再由中心化的部门所驱使。其次，管理代码化，代码即法律，参与成员均要按照预先设定的合约行动和达成共识。最后，治理公开化，DAO 中的奖惩机制和运行规则全部透明公开，并且会

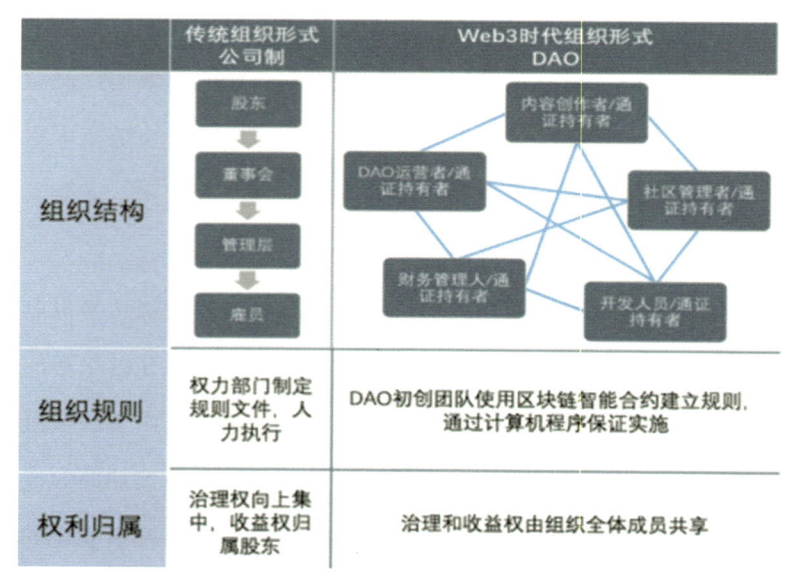

传统组织形式与 Web3.0 时代组织形式对比（来源：智东西微信公众号）

按照每个成员对团队的贡献程度，公平分配收益。

Decentraland 便是这样一个去中心化管理的样板。Decentraland 是一个虚拟土地平台，平台内的土地是一种虚拟资产，支持拥有者任意打造，由 DAO 进行管理。Decentraland DAO 设立了智能合约——LAND 合约，用于约束成员在平台内的各种行动，也拥有 MANA 代币，用于补贴不同的业务和举措。参与 DAO 的人可以通过投票表决对于不同问题的意见，比如是否要增加新的可穿戴设备、升级服务器、增添合约内容等。Decentraland 可以在 DAO 的支持下，自行运转、自我组织、自我升级。由于元宇宙是去中心化的，基于 DAO 的组织治理将是其重点推崇的形式，这种治理形态不会局限在某一个社区或者小范围的组织里，而是会广泛地覆盖在元宇宙整个生态系统中。

3. 元宇宙催生数实深度融合的新经济体系

生产关系的总和构成社会的经济基础，可以说，生产关系是经济基础的一个组成部分，在元宇宙新的生产关系秩序之上，新的经济体制有望成型。元宇宙并不是脱离现实世界的虚拟空间，它与现实世界有着千丝万缕的联系。从经济层面看，元宇宙具备连接多重数字要素和物质要素的潜能，进而有机会实现数字世界与物理世界在经济层面的互通，形成一套高度数字化、智能化的完整闭环经济体系。

（1）数字身份与现实身份的融合构建新的数字信用

数字经济和实体经济如何在元宇宙中实现互通？我们可以发现多条路径，身份是一个关键窗口。当我们进入元宇宙以后，会获得一个身份，这个身份与我们在现实世界中的身份是一一对应的，也被称为"Avatar"。元宇宙中的数字身份是我们的数字形象和身份标识的统一体。数字形象是我们在元宇宙中行动和生活的外在形态，身份标识才是确立我们数字身份唯一性、独立性的关键步骤。数字身份不仅是现实身份在虚拟空间中的映射，也可以打通身份、数据、信用和资产体系并逐步与现实身份融合，这种融合也会生成一个新型的身份体系，为元宇宙中的数字信用做担保。

元宇宙中的身份价值不再由有形的物质标榜，而是通过NFT来表现，这种标识不仅象征着一定的社会地位，还可以作为数字信用的凭证，承担由身份引发的一系列行为责任。当然，身份的确权与确责建立在身份安全和所有权化的基础之上。依托于区块链和隐私计算技术，这一理想可以实现，其一方面使信息披露最小化，让数据"可用而不可见"，另一方面赋予我们对数据的所有权益，在保护个人隐私的同时充分释放数据价值。

（2）数字资产与实物资产的融合催生广阔的数字财富

数字资产与实物资产是数字经济和实体经济的核心要素，实现二者的交融，便能使数实经济的融合往前走一大步。随着区块链技术的发展，数字资产逐步成为一种新型的资产形态，走进人们的生活。数字资产更多指的是资产的数字化，比如货币、股票、债权、房地产、ABS（Asset-Backed Security，资产支持证券）、仓单、收藏品等实物资产或权益资产的链上交易，是实体资产转化为虚拟世界的二进制数字的过程。这些数字资产都能在区块链和智能合约的辅助下得到确权，实现安全流转。例如，"五粮液数字酒证"是五粮液集团在臻久网创建的与五粮液实物酒一一锚定的区块链加密电子提货凭证。数字酒证用户享有实时提货、一键质押、转让馈赠等多种服务。数字资产的推出，是企业加速数字化转型的关键举措，拓宽了树立企业形象的渠道，更重要的是丰富了企业的收入来源。在元宇宙世界中，数字资产转化程度会进一步加强，在数量和范围上会有质的突破。

不过，让数字资产"一枝独秀"，并不现实，还是要发掘其与实物资产融合的路径。Zenotta（泽诺塔）的"双重记账法"区块链，为二者的有效结合提供了一种解决方案。Zenotta 数字系统由 Zenotta 数据协议和 Zenotta 网络协议组成。数据协议负责将任何形式的数据或数字内容转换为智能数据，这种数据的智能化处理确保了所有者对数据的权益，是确立数据排他性和唯一性的过程。网络协议用于验证交易，如果验证成功，交易会被打包成一个块，卖方的资产和买方交付的代币会同时交换。双重记账的形式弥补了单条目分类不足的缺点，也保障了资产交易的安全。无论是从资产交易范

五粮液数字酒证存证证书（来源：臻久网官网）

围的延伸看,还是从资产交换的可信度看,数实资产的融合都不是纸上谈兵,而数实经济也会在这一过程中加速实现互惠互通,积累生成广阔的数字财富。

(3)数字经济与实体经济的融合构建新的数字经济体系

数字经济与实体经济的融合目标是要构建一套新的数字经济体系,既能包容数字经济的多元化发展,又能促进实体经济的蓬勃壮大。元宇宙经济是数字化程度更高的数字经济形态,具有智能化、创意化、普惠化和数据化的特点。首先,借助区块链和智能合约,可以实现自动化、可信的经济协作与交易。其次,在元宇宙中,用户创作的数字内容释放出巨大的创意价值。元宇宙经济体系中的供需双方发生了明显的置换,用户取代企业和家庭成为基本的生产单元和消费单元,产消合一的组合型身份,将会进一步驱动创意的生成与应用。数字经济的深度发展也将推动金融行业的数字化转型,其中,DeFi(Decentralized Finance,去中心化金融)的引入,能大幅提升资产的流动性,使金融进一步脱媒。更重要的是,要提供普惠的金融服务,增强经济的包容性。数据要素的市场化配置,也会加深数据资产化的程度,衍生出新的数据经济。

当然,元宇宙不是要"脱实向虚",而是要发挥数字经济赋能实体经济的作用,也就是实现数字经济和实体经济的深度融合。科大讯飞多年来以AI赋能企业发展,坚持源头技术创新,已形成了以基础算法为主干节点,以技术体系为生长方向,以场景理解为发展动力的"AI科技树"。同时,科大讯飞积极整合产业生态资源,加强与产业上中下游合作伙伴的联系,提供专属服务,实现了数字经济的新增长。这说明，数字经济可以为传统行业开创"第二曲线新空间"，惠及更多的实体企业。在这一过程中，元宇宙也将推动经济整体完成数字化和智能化建设，推动效率机制和组织机制的升级，构建全新的数字经济体系。

　　元宇宙提供了多种技术和场景，不仅将改变人类的日常生活，也将逐步改造社会生产的方方面面。本章的核心内容，描绘出未来人类社会变化的技术驱动力。而元宇宙和它所带来的变化，却并不是偶然的，严格来说，元宇宙也是顺应人类社会发展规律而出现的必然产物。

第三节　元宇宙开启新纪元的深层逻辑

元宇宙之所以能开启一个新的时代，是因为背后隐藏着的深层缘由，即元宇宙是万物媒介化的新标识。在这一逻辑下审视元宇宙热潮，可以发现，元宇宙不仅是万物皆媒的再一次集中体现，也是深化万物皆媒趋势的重要推手。进一步讲，元宇宙与万物皆媒的深度耦合，其实是人类社会发展的必然结果。本书总结梳理了经济、科技和用户三个层面的原因，希望能在瞬息万变的经济局面、技术迭代和用户需求中，化迷津为光明，破解元宇宙开启新纪元的内在机理。

（一）元宇宙是万物皆媒新阶段的具象表现

在人工智能、虚拟现实等数字技术的驱动下，万物皆可泛化成媒介的时代到来了。万物皆媒，意味着任何物体都具备媒介属性，可以发挥媒介的作用。元宇宙的出现进一步打破了既有媒介的边界，推动了万物媒介化的进展。在元宇宙这一新兴概念下理解"万物皆媒"，或许能使人类对新一代媒介化、智能化和数字化的社会形态有更具体的理解。

1."物"为何物？

首先，"万物皆媒"中的"物"是什么？换言之，能充当媒介角色的物体有哪些？目前，我们所使用的终端设备，比如手机和电脑，以二维屏幕的形式拉近了我们与信息的距离，从而起到一个桥梁的作用。因此，这一类的智能物可以被称为媒介。在元宇宙的驱动下，这样的媒介物将层出不穷，不仅可以外化为可见的终端，还在信息采集、信息加工、信息传递等环节扮演着多重角色，从具体的演进趋势来看，物体媒介化和人体终端化构成了万物皆媒的重要基础。

（1）物体媒介化

物体的媒介化主要指技术物的媒介化。可穿戴设备、传感器、芯片等是巨大的颠覆者，可以实时采集人体数据，监测人体微妙的变化，如心跳、脑电波状态、眼动轨迹等，获取从生理到心理层面的反馈。另外，人们生活中处处可见的智能家居与车联网技术支撑下的汽车正在重新定义媒介的实践场所。智能化的音箱、冰箱、空调等家居物品，就能实现人与物体的信息交互，带来家庭内的全新媒介交流模式，各种家居电器的屏幕由此成为新的媒介终端。新型科技汽车则释放出新的价值，通过打通人与车、车与车、车与交通关联系统、车与公共信息系统的网络，在流动场景中完成更多的媒介服务。同时，虚拟现实技术的进步，必然会加速 VR/AR 设备的开发与优化，VR/AR 头盔、眼镜等工具也是物体媒介化的重要载体。

（2）人体的终端化

人体的终端化，便是人体的媒介化。在这个意义上，人也成了一种物体，人体通过可穿戴装置直接接收外在信息，也可以向外部发布人体的相关数据。这"意味着人体向外界发送数据的丰富，也意味着人对信息的获取与处理能力的增强"[1]。"元宇宙"

---

[1] 彭兰. 万物皆媒——新一轮技术驱动的泛媒化趋势 [J]. 编辑之友, 2016 (03): 5—10.

时代，人肉的终端化和数据化趋势进一步得到加强，无论是通过植入身体，还是采用虚拟化身等方式，设备都已经和我们的自我意识连为一体。人类既联结世界又生成世界，二者之间形成了一种开放系统，走向一个融合共生的状态。不过，这一趋势也存在着较大的技术隐忧，人体成为传输终端，那么个体的控制能力在这种条件下就变得相对被动，比如很难完全掌握信息的传播与使用，人类有时也可能会被终端控制，所以在未来，人类在实现高效能传播的同时也要面临技术发展所带来的"失控"的潜在危机。

2."媒"为何媒？

其次，我们如何理解"万物皆媒"中的"媒"？"媒"即媒介，本书结合"媒介化"理论，从物质性、组织性和抽象性三个维度，总结了媒介的三种定义。

（1）媒介是技术和设备的升级换代

这一视角下的媒介是可观可感的，具有显性的物理特点，强调物质层面的技术演进过程。当前，学界对于"媒介化"的阐释主要有三个方向，分别是物质化视角、制度主义视角和文化/社会建构主义视角。其中，物质化视角与从技术和设备理解媒介相契合，即关注媒介的物质特性，以及媒介本身运作的过程，侧重于媒介技术对社会和文化过程的影响，尤其强调"过去几十年来在现代性的后期与全球化、数字化、网络化、融媒介相关的社会技术创新"[1]。因此，每当媒介的物质性得到进一步的彰显，在

---

[1] 侯东阳,高佳.媒介化理论及研究路径、适用性[J].新闻与传播研究,2018,25(05):27—45+126.

技术和设备上有新的期待时，就又多了新的媒介任务执行者。由于元宇宙是互联网全要素的整合式产物，是以往所有技术的汇合中心，因此，在这个意义上，元宇宙是一种技术型媒介，贡献着物质基础设施所具备的实实在在的力量。

（2）媒介是具有媒介属性的媒体机构

当媒介译为 media 时，就变成了复数的媒介组织，即扮演信息传播和服务角色的实体机构，如报社等，它们具有完整的组织要素，如媒体工作人员、办公场所、体制机制、向社会发行的媒介产品等。不过，随着媒介边界的模糊，发布新闻通知已经不再是传统主流媒体的特权，具有媒介属性的门户网站、商业平台和自媒体也被贴上"新媒体"的标签，承担着传统媒体服务的责任。在当前媒介化社会的构成中，主流媒体、商业平台及自媒体共同建构了信息内容生产、信息渠道分发、信息价值增值的存在方式。分别来看，主流媒体的角色日益丰富，不仅承担着信息供给和传递功能，更是通过信息的传递，实现了社会要素的连接、激励、重塑与整合；相较于主流媒体，商业平台具有多重功能，是商业化社会的主体，占据了大部分的网络空间资源，具有强大的渠道和受众。而自媒体则是以个人传播为主，以现代网络工具和载体为手段，向不特定的人群传递规范和非规范信息。在元宇宙中，多元媒体机构依旧会发挥信息传递、用户维系和生态建构等重要作用。这时，元宇宙更像一个超平台型媒介，提供资源聚合、关系连接等服务。

（3）媒介是使万物产生联系的中介

凡是使人与人、人与物、物与物产生关联的都是媒介。之所以有如此广泛的定义,是因为媒介是具有居间性的抽象物,是"一个意义空间,甚至是一种关于社会的隐喻"[1]。换言之,媒介为我们打开了一个新的世界与空间,在这里,媒介不仅仅是显现的器物,更是产生连接和关系的意义集合。"媒介并不因为它的质料和形式而成为媒介,媒介是在与公众的信息和意义勾连中才成其为媒介"[2],媒介对于社会关系的启用和塑造使得其具备存在的价值,也正是在这个意义上,万物才皆为媒介,媒介即为万物。

从"媒介化"的制度主义视角和文化/社会建构主义视角理解媒介的中介性或许有更深刻的体会。其中,制度主义视角将媒介形式视为一种"独立的制度化力量",并且也是其他社会制度的一部分,强调媒介是社会现实框架的组成要件。同时,其他社会制度对于媒介依赖的加深,使其也开始按照媒介自身的规则,即媒介逻辑安排活动。另外,根据媒介依赖和影响的程度,媒介化可以划分为直接媒介化和间接媒介化,前者指非媒介化行动转向媒介化,后者指特定行为受到媒介环境的影响越来越大。与制度化的观察方法不同,文化/社会建构主义视角既把媒介化看作社会生活的正常现象,也将其描绘为"一个由传播行为构成的社会变化的'元过程'"[3],指媒介与社会互动是一个长期的过程,具有动态性、复杂性和整体性。同时,在建构主义立场中,媒介更多地以实践而非逻辑影响社会,因此,"媒介塑型力"又被提出,

---

[1] 胡翼青.显现的实体抑或意义的空间:反思传播学的媒介观[J].国际新闻界,2018,40(02):30—36.

[2] 胡翼青.显现的实体抑或意义的空间:反思传播学的媒介观[J].国际新闻界,2018,40(02):30—36.

[3] 侯东阳,高佳.媒介化理论及研究路径、适用性[J].新闻与传播研究,2018,25(05):27—45+126.

指媒介会对我们的传播方式施加一定的压力和建构作用。以上两种视角都超越了媒介的物质性，关注媒介延伸出来的制度力量和社会建构力量，这正是媒介作为万物关联中介的重要体现。元宇宙背景下的媒介隐喻会更广泛、更丰富，所有具备媒介功能属性的物体，都可以成为人与人、人与物、物与物之间对话的桥梁，传递讯息之上的深层含义。

3."万物皆媒"新时代到来

元宇宙开启了万物皆媒的新时代，原因在于其拓展了媒介"物"的范围，以及进一步消除了"媒"的边界，将"物"和"媒"都提升到一个新的高度，"万物皆媒"的效应自然会得到双倍的叠加与突破。那么，元宇宙为何能使"物"和"媒"蜕变？一方面，技术的变革为媒介边界的消弭和物体逐步媒介化提供了切实的物质保障，基于技术赋能的媒介权利下沉极大地促成了万物皆媒。另一方面，生活空间的升级与转移使得人们的生活方式和社会形态都朝媒介化迈进，人深度融于媒介，媒介深入渗透到社会的方方面面。因此，随着人们对媒介的依赖逐步加强，更多具有媒介功效的物体和产品被开发和创造出来，以此满足多元化和差异化的需求。总的来说，万物皆媒不只是媒体行业的发展趋势，更是整个社会的未来基调，尤其在元宇宙的推动下，万物皆媒更是必然的走向。在此基础上，一切场景、需求、产品都被媒介介入，进而催生出深度媒介化的社会形态、社会结构、社会关系与实践。

（二）元宇宙是人类社会发展的必然产物

1. 经济层面：适应经济发展趋势的客观要求
（1）各大经济体寻找经济发展新动能

当前，新冠肺炎疫情给全球经济增长带来严峻挑战，各主要经济体增速下滑，我国经济发展也面临多重挑战，处在转变发展方式、优化经济结构、转换增长动力的攻关期，结构性、体制性、周期性问题相互交织，国内矛盾和外部冲击相互作用，长期困难和短期挑战相互叠加，经济下行压力较大，投入产出效率下降，迫切需要寻找新动能、发展新经济，以实现脱胎换骨的转变。与此同时，一些重大的颠覆性技术创新正在创造着新的产业。信息技术、生物技术、制造技术、新材料技术广泛渗透到几乎所有的领域，大数据、云计算、移动互联网等新一代信息技术同机器人和智能制造技术相融合的步伐加快，新经济的表现越来越抢眼，在支撑增长、带动就业、促进转型等方面发挥着越来越重要的作用。

（2）资本需要新业态作为突破口

随着元宇宙被公认为下一代互联网形态，国内外众多科技巨头纷纷布局元宇宙，试图通过将实体世界数字化实现生活方式的变革及生产效率的改善和提高。一般来说，元宇宙主要包括超级平台/规则制定者、经济系统、内容生产、终端设备和数字基建五大基础要素，基础设施、人机交互、去中心化、空间计算、创作者经济、发现、虚拟体验等七层产业链条。通过对以上重点领域的布局，各科技巨头可以在下一代互联网环境中寻找到属于自己的生存和发展空间，资本（包括大公司和投资基金）的入场更是驱动了元宇宙的快速发展。研究数据显示，2021年，共有45起元宇宙相关的投融资案例，其中有41家企业成功拿到融资，20家为海外企业，主要集中在北美，21家为国内企业。可见，元宇宙所蕴藏的各种新机遇迅速被资本买单，成为资本在新时代淘金的突破口。

表2 互联网科技巨头加快布局元宇宙

国外企业		国内企业	
Meta	构建独立经济系统的超级元宇宙平台	百度	打造以AI为核心的元宇宙基础设施
微软	青睐企业元宇宙、虚拟人与游戏	腾讯	全方位布局的"全真互联网"倡导者
英伟达	致力于提供强有力的生产力工具	阿里巴巴	以云计算优势拓展元宇宙应用
Apple	重点布局AR/VR和计算机视觉	字节跳动	增资深耕探索VR/AR领域
谷歌	布局智慧穿戴终端产业	网易	从游戏和音乐进军元宇宙的蓄力者
		京东	构建反哺实体经济的产业元宇宙开放平台

（3）互联网消费业态增长乏力倒逼行业寻求新增长

一方面，互联网流量红利逐步消失。从互联网发展阶段看，当前已经进入后互联网时代，传统网络红利已经到顶并开始消退，流量增长空间几乎触顶。根据第50次《中国互联网络发展状况统计报告》，截至2022年6月，我国网民规模为10.51亿，互联网普及率达74.4%，网民使用手机上网的比例为99.6%。[1]另一方面，用户渗透率基本见顶。从内容端看，多个细分赛道已经进入存量用户阶段。截至2021年第二季度，百度、阿里巴巴、腾讯渗透率均超80%，腾讯系和阿里系的用户渗透率分别达到96.2%和92.7%，头条凭借短视频产品成功突围，跻身巨头行列，渗透率达到63.1%。同质化的市场竞争与用户增量空间的挤压使得互联网消费业态在短时间内很难突破瓶颈，各行各业不得不寻求新的经济增长点，此时，元宇宙作为一种新生的事物，满足了整个业态开拓新地盘的需求与野心，被赋予了打破互联网增长疲软困局、重塑新一代辉煌的重要期待。

2. 科技层面：顺应科技发展规律的现实反映

（1）提升科技创新引领能力为元宇宙创造好环境

自党的十八大以来，习近平总书记围绕实施创新驱动发展战略、加快推进以科技创新为核心的全面创新，提出了一系列新理念新思想新要求，为加快形成以创新为主要引领的经济体系和发展模式指明了前进方向、提供了根本遵循。2021年，科技创新支撑和引领着中国经济的高质量发展。关键核心技术攻关取得重要进展，数字技术与实体经济加速融合。2022年《政府工作报告》中指出，将会继续深入实施创新驱动发展战略，巩固壮大实体经济根基，尤其是促进数字经济发展。无论是中央，还是地方，都

---

[1] 中国互联网络信息中心. 第50次中国互联网络发展状况统计报告［R/OL］.http://www.cnnic.net.cn/NMediaFile/2022/0926/MAIN1664183425619U2MS433V3V.pdf

积极支持企业在数字经济领域探索新技术、新业态，并通过具体政策进行支持。2022年以来，已有多个国家部委和地方政府出台支持VR产业发展的相关政策。可以说，一系列支持科技创新的顶层设计为元宇宙的顺势发展做了极其重要的铺垫。

（2）技术持续积累迭代为元宇宙出现奠定好基础

从规律和趋势看，元宇宙是虚拟现实技术和增强现实技术演进的必然结果。VR和AR既是元宇宙产生和发展最核心的技术驱动力，同时也是其最底层的技术演进。自20世纪80年代以来，人们对沉浸感更强的移动媒体设备的追求促进了VR技术和AR技术的不断进步。随着支持元宇宙场景落地的相关技术正在接近技术奇点，如物联网技术、人工智能技术、网络和运算技术、区块链技术、数字交换技术、电子游戏技术等，技术的快速发展及叠加倍增效应扩大，致使技术跃变效应正在形成，相关技术不断成熟，更多的应用场景得以落地，推动整体向一个新阶段发展。

从技术发展规模看，各领域的技术高速发展为元宇宙行业提供全面的技术支持。艾媒咨询数据显示，从2017年到2021年，中国区块链支出增长约12.8倍；2021年中国VR终端硬件市场规模为136.4亿元，AR终端硬件市场规模为208.8亿元；2021年中国云计算产业规模达2109.5亿元，而VR、AR、AI作为元宇宙的技术基础也将迎来高速增长期。

从基础设施看，通信网络的高速发展构建了元宇宙坚固的基石。截至2022年5月，我国已开通5G基站161.5万个，5G网络覆盖全国所有地市县城区和87%的乡镇区，5G移动电话用户总数超过4.13亿户，5G+工业互联网在建项目2400个，5G应用案例超过2万个。随着5G商用的大规模部署，以全频谱、全覆盖、全应用、强安全为特征的6G技术研究开始进入业界视野并成为全球焦点，世界主要国家和地区均已启动6G研究，通过加大资金投入布局科研项目等措施，加速6G创新技术研发。如欧盟提出相对清晰的规划路线图；芬兰发布6G白皮书《面向6G泛在无线智能的驱动与主要研究挑战》；韩国政府计划2028年实现全球第一个6G商用；日本发布B5G推进战略目标2025年完成6G基础技术研究，2030年实现商用；美国也从2018年开始6G研究，前期研究包括对6G芯片的研究，并在空天海地一体化通信，特别是卫星互联网通信，开展研究实践。我国高度重视6G发展，在"十四五"规划纲要中明确提出要"前瞻布局6G网络技术储备"[1]。

技术的持续积累迭代是元宇宙落地和生成的重要前提，随着社会生产力的提升和生活需求的增长，科技创新的进步不断延伸出新的集成物，将各种前沿技术融为一体，释放出聚变式的强大力量，而元宇宙正是这一内在规律的阶段性产物。

（3）人工智能、区块链等技术需要新场景

元宇宙是网络空间演化的必然结果。自20世纪90年代以来，人类文明出现了数字化转向，互联网、移动通信、云计算、大数据和人工智能等信息通信技术所引领的网络化、数字化、智能化推动人类社会进入深度数字化和深度智能化的时代。正是这一时代趋势，使得人类的生存空间逐渐从物理空间迁移到赛博网络空间，从而水到渠成地催生了元宇宙的概念与创新。随着以元宇宙

---

[1] 中国政府网. 中华人民共和国国民经济和社会发展第十四个五年规划和2035年远景目标纲要［EB/OL］.http://www.gov.cn/xinwen/2021—03/13/content_5592681.htm.

为代表的下一代互联网不断发展,用户大数据不断成型,新的数字生活空间不断涌现并逐渐成型,物联网和其他数字化进程将得到快速发展。

首先,AI技术为元宇宙应用场景提供支撑,计算机视觉、机器学习、自然语言处理和智能语音的发展进一步为元宇宙提供了虚实结合的观感,使其具备多元性与沉浸感。其次,区块链是以技术创新为基础,以数字金融为动力,以经济社群为组织,以产业应用为价值的四维一体式的创新,实现了与大数据、云计算、人工智能、沉浸式现实等诸多新技术的对接,真正构建了一个全新的世界。但是,AI技术和区块链技术一直缺乏核心"刚需"的应用场景。而在元宇宙中,这两项技术成了"必选项",在呈现、连接、集成中发挥了不可或缺的作用,数字技术、数字金融、经济社群、产业应用的逻辑都有了用武之地,应用路径非常明确,因此,元宇宙正是人工智能和区块链应用的刚需场景。从某种意义上讲,元宇宙实现了数字要素在虚拟世界与现实世界的联通,并且这种功能和作用并不是其他的新技术能够具备的。

3. 用户层面:顺应社会变化和用户需求的自然选择

(1)新冠肺炎疫情等不确定性变化提出新要求

首先,新冠肺炎疫情的出现破坏了人们在物理世界的联系,导致用户对社交、情感等提出新要求。自2020年1月全球暴发新冠肺炎疫情以来,现实世界就存在了传播病毒的种种途径,为了精准有效防控疫情传播,人们不得不保持社交距离,甚至在中、高风险的地区实行隔离。物理隔离手段造成人与人之间的交往出现断联，天然形成的隔离屏障，导致群居人类情感交流受到障碍，而元宇宙将有效弥补人类情感交流缺失，提升社交体验。在互联网普及度极高的背景下，元宇宙社交模式推广难度较低且在用户群体达到一定规模后将形成"羊群效应"，在保障元宇宙体系完善的前提下，全民元宇宙社交存在较大的可能。

其次，新冠肺炎疫情的不确定性加速数字经济的发展。由于新冠肺炎疫情呈现出点状聚集、多点散发、不确定性等特点，各种新消费场景正在"云端"火热进行，线上平台用户暴增，网络在线时长增加，无接触消费模式兴起，从商品消费到服务消费，直播带货、在线康养等各种线上消费持续涌现，使线上线下的消费模式快速蝶变。在这个过程中，数字经济发挥了重要的作用，用户对场景构建也提出了新需求，进一步加速了远程教育、远程医疗、居家办公等新业态的出现。

（2）Z世代用户更期待沉浸式互联网新体验

首先，Z世代对于新鲜事物接受度较高。Z世代是指出生年份在1995—2010年之间的青年群体，深受互联网影响。这些用户从出生就与互联网一起成长，因此，相比于其他年龄层，Z世代更容易接受元宇宙。例如，智能服务平台QuestMobile的数据显示，截至2022年6月，Z世代的线上活跃用户规模已达3.42亿，Z世代用户月人均使用时长近160小时，月人均单日使用时长7.2小时，明显高于全网平均时长。❶

其次，Z世代更加渴望沉浸式互动式体验。Z世代早已习惯

---

❶ QuestMobile.QuestMobile2022 Z世代洞察报告：3.42亿"原住民"线上消费能力和意愿持续攀升，移动视频、社交及手游最受欢迎［R/OL］.https://www.questmobile.com.cn/research/report/316.

QuestMobile2022 Z 世代洞察报告（来源：QuestMobile 官网）

了与现实世界并行的"元宇宙"，渴望更沉浸式的、不受限制的 3D 交互世界。Z 世代过去在线上交友、购物、玩游戏，大脑沉浸于线上的感受，身体的一切觉知仍停留在现实世界中，而"元宇宙"能实现的，则是让其真正漫游在虚拟世界中，用自己全新的虚拟身份去生活、工作、消费、交友。

（3）互联网用户群体是元宇宙应用的重要支撑

一方面，网民规模是我国在元宇宙赛道的最大优势。第 50 次《中国互联网络发展状况统计报告》显示，互联网应用持续发展，截至 2022 年 6 月，我国网络支付用户规模达 9.04 亿，网络新闻用户规模达 7.88 亿，网络直播用户规模达 7.16 亿，在线医疗用户规模达 3.00 亿。[1] 另一方面，我国网民对虚拟生态兴趣浓厚。艾媒咨询数据显示，超六成的网民对"元宇宙"了解程度较高，

---

[1] 中国互联网络信息中心. 第 50 次中国互联网络发展状况统计报告［R/OL］.http:// www.cnnic.net.cn/NMediaFile/2022/0926/MAIN1664183425619U2MS433V3V.pdf.

在元宇宙较基础的游戏领域，超九成的人对 VR 游戏更感兴趣，社交属性逐渐凸显。可见，用户体量的增加与用户需求的多元化满足是检验元宇宙是否能长久发展的重要指标，更是元宇宙持续运作的重要动力。

当前社会上对于元宇宙的讨论多围绕技术、经济展开，本章开篇明义，从媒介视角出发，为理解元宇宙提供了一种新认知。在万物皆媒理念和实践的深化中，元宇宙开辟出一个新的天地，在这里，生活空间和生产方式都得到升级，也迸发出新的媒介化生机与活力。

第二章 元宇宙：媒体演进的新方位

元宇宙通过空间的重构与技术的集聚，再造了时空与社会生产生活连接的方式，因此，从底层逻辑看，元宇宙就是一种自带媒介属性的未来型媒介，深度连接着万物。在此基础上，元宇宙正在以更昂扬的姿态挺进各行各业的发展中，尤其是对与之密切相关的传媒业的深度革新，成为媒体行业升级的重大变量。

具体来说，元宇宙所带来的媒介意义主要有以下五点。

第一，元宇宙很可能影响未来很长一段时间内的传媒业转型。作为融5G、人工智能、虚拟现实、物联网、区块链等技术于一身的集大成者，元宇宙站在了技术赛道的中心，这一系列的技术内容正是近十年传媒行业不断探讨的热点。因此，元宇宙这样一种"元技术"，或者说"技术的技术"无疑将对整个传媒行业造成全方位的、彻底的介入与建构。

第二，元宇宙将改变传统的媒介时空边界。从时间层面看，元宇宙时间是虚拟的，是物理时间在虚拟空间的延续。不同于现实时间的绝对流动，虚拟时间可以被无限延展、重复、倒流，有限的时间里，包含着无限的空间和事物，甚至会使人产生时间幻觉，对周遭事物产生迟钝感，忘记时间的存在。另外，经由区块链对时间信息的存储和保存，我们可以随时提取不同时间阶段的内容，元宇宙时间获得了全息性。从空间层面看，元宇宙开辟了一个新的空间领域，具备与现实世界相对应的所有相关要素，不仅具有静态空间的拓展，也有流动空间的拓展。虚拟空间与现实空间的深度交融也在逐渐模糊空间的边界感。可以说，元宇宙是双时空高度融为一体的世界，传统媒介时空的定义已经不再适用。

第三，元宇宙将改变媒介活动的组织模式。一方面，传统媒介的组织结构多为自上而下的金字塔形状，有严格的等级管理机制，而元宇宙的到来会推动媒介组织内部的去中心化改造，进一步强化扁平化管理模式，促进横向形式的流动与合作。另一方面，传统媒介活动多表现为媒体到受众的单向传播，即使互联网激活了个体权利，也存在受众被动接受媒体过滤的现象。元宇宙的去中心化特质能最大限度地保障用户自主创作、用户间广泛联系及用户与媒介双向互动。在此趋势下，媒介活动组织将呈现出自组织化、平等、开放、协作等新特点。

第四，元宇宙将优化媒体产业模式。元宇宙与泛媒体产业的耦合将释放巨大的潜力，比如衍生出影视元宇宙、游戏元宇宙、文旅元宇宙等多种场景形态，从而延长产业链，挖掘相关产业的增长空间。另外，元宇宙本身蕴含的融合思想内核，与媒体产业跨媒体、跨领域、跨行业的战略方向尤为契合，相信在元宇宙的赋能下，媒体产业会激发出更具创新性的活力，催生出更多具有竞争力的新兴产业。

第五，元宇宙将会打造新的媒介生态。无论是行业政策环境，还是媒体内部要素的调整，抑或是媒体间的关系、人与媒介的关系，元宇宙都将做出新的回应，甚至是颠覆原有的媒介生态基础。

第一节　元宇宙是媒体融合发展的深度进化

"媒体融合"（media convergence），也称"媒介融合"，最早由尼古拉斯·尼葛洛庞蒂于1978年提出，随后，美国马萨诸塞州理工大学教授浦尔在其1983年的著作《自由的技术》中将媒体融合概括为各种媒介呈现多功能一体化的趋势。在距离概念提出已40余年后的今天，媒体融合理念不断被强调，也被主流媒体转化为诸多具体的行动举措。在这一过程中，根据融合的面向与程度，媒体融合又被划分为不同的融合层次与阶段。媒体融合自身的进化意味着人们对其理解的升级，而这一认识的迭代就发生在以互联网为核心的数字媒介形态所带来的质的变化中，如内容生产主体的泛众化、智能化，以及媒介形态的多元化等，这都体现了媒体功能主体的普及、单一媒介开始拥有多种功能等融合内涵。

同时，从"互联网是一切媒介的媒介"这一视角看，互联网本就是一种融合媒体，而元宇宙孕育着下一代互联网，是更高层次的融合型媒体，也是媒体融合数字化程度的进一步加强。概括而言，元宇宙是媒体融合的一次深度进化，抓住了元宇宙的风口，媒体融合就会迈入新的阶段，以传媒业为首的融合践行者也会有更精彩的突破。

（一）从国家战略层面理解元宇宙与媒体融合

2014年8月18日，中央全面深化改革领导小组第四次会议审议通过了《关于推动传统媒体和新兴媒体融合发展的指导意见》

（以下简称为《意见》），将媒体融合上升为国家战略。自此之后，在行政力量自上而下的推动下，传播环境发生了前所未有的大变革。从本质上讲，媒体融合是国家深化改革的一部分，面临传统媒体优势不再的困境，顶层设计明确要求以自我革命式的姿态积极应对互联网带来的挑战，从而在新的网络空间占据和壮大主流阵地。从国家战略层面理解元宇宙与媒体融合的关系，可以发现，在融合实践的8年时间里，关键词已经从"推动融合"变为"加快推进深度融合"，而元宇宙的出现，不仅是媒体融合战略加速落地的必然结果，也将助力媒体融合踏上新起点。

1. 媒体融合政策与元宇宙的共通点

自2014"中国媒体融合发展元年"始，中央就"媒体融合"铺绘了一条纵深发展的路线图，从中央—省—市—县四级融合布局，到实现增量式扩张向内涵式拓展的策略转变，媒体融合政策呈现出阶段性、递进性、系统性、综合性等特点。在一系列政策文件清晰的思想脉络中，可以发现，媒体融合与元宇宙在技术、目标和环境层面有着鲜明的共通点，从而印证了元宇宙与媒体融合战略的高度契合。

表3 媒体融合的相关政策文件

时间	政策文件
2014年8月	《关于推动传统媒体和新兴媒体融合发展的指导意见》
2016年7月	《关于进一步加快广播电视媒体与新兴媒体融合发展的意见》
2017年1月	《关于促进移动互联网健康有序发展的意见》

时间	政策文件
2017年5月	《国家"十三五"时期文化发展改革规划纲要》
2018年11月	《关于加强县级融媒体中心建设的意见》
2019年1月	《县级融媒体中心建设规范》
2019年4月	《总局办公厅关于建立"国家广播电视总局媒体融合发展专家库"的通知》
2019年9月	《总局关于创建广播电视媒体融合发展创新中心有关事宜的通知》
2019年11月	《科技部关于批准建设媒体融合与传播等4个国家重点实验室的通知》
2020年9月	《关于加快推进媒体深度融合发展的意见》

（1）技术层面：技术引领融合发展

媒体融合的关键在于技术的深度融合，要发挥技术集群对媒体融合的协同创新引领作用，这一认识在媒体融合相关政策中得到重要强调，比如2014年《意见》中提出"要将技术建设和内容建设摆在同等重要的位置"[1]；2020年《关于加快推进媒体深度融合发展的意见》中又进一步明确要"用好5G、大数据、云计算、物联网、区块链、人工智能等信息技术革命成果，加强新技术在新闻传播领域的前瞻性研究和应用，推动关键核心技术自主创新"[2]。在媒体融合发展的过程中，技术驱动的重要性也"从早期的辅助创新表达发展到现在的嵌入融合体系"[3]之中。

[1] 中国网信杂志.盘点！"媒体融合"10大重要政策文件[EB/OL].https://baijiahao.baidu.com/s?id=1679129382127632694&wfr=spider&for=pc.
[2] 中国政府网.中共中央办公厅 国务院办公厅印发《关于加快推进媒体深度融合发展的意见》[EB/OL].http://www.gov.cn/zhengce/2020—09/26/content_5547310.htm..
[3] 5G融媒实验室.5G融媒体应用研究报告（2021）[R/OL].https://imgpolitics.gmw.cn/site2/20220724/f44d305ea1af24476e7e2a.pdf.

2022年6月，中央广播电视总台推出首个大型沉浸式数字交互空间《三星堆奇幻之旅》，通过即时云渲染技术，将三星堆考古发掘大棚、三星堆数字博物馆及古蜀王国等场景搬进了数字空间，实现了"破屏"融合传播。空间依托于强大的云计算支撑，对终端配置要求大大降低，用户可以低成本地享受交互体验。数字人身份、虚拟交互机制也被引入其中，提升了用户的沉浸式体验。场景空间设计也尤为逼真，从自然声音到建筑外观，使观众如身临其境。文物复原采用了三维重建的形式，全息投影、灯光映射等技术助力三星堆焕发生机，栩栩如生。这一场科技与艺术的相互融合，证明了技术强大的建构力量，也让"技术和内容二元驱动"成为媒体行业新的指导思想。

《三星堆奇幻之旅》（来源：央视新闻微信公众号）

5G和新一代通信技术、区块链技术、人工智能技术、虚拟现实技术等都是构成元宇宙的强大技术底座，这些核心技术的投入使用，能将媒体融合带到新的时空中去，在与现实时空的高度交叉中，进一步推动内容供给侧结构性改革，发展出多点支撑的内容体系。同时，有效激活B端和C端的市场活力，完善媒体运营模式，孵化出综合多元的信息服务体系及深入革新的组织机构体系。

因此，媒体融合对技术的高度重视与元宇宙对技术的高度依赖为二者提供了对话的基础，技术引领融合发展既是媒体融合的应有之义，也是元宇宙发展过程中的必然动作。

（2）目标层面：融合边界不断消弭

基于先进技术这一重要保障，媒体融合应该怎么做，做到什么程度？2016年2月19日，习近平总书记在党的新闻舆论工作座谈会上对这一问题做出重要指示，强调"要尽快从相'加'阶段迈向相'融'阶段，从'你是你、我是我'变成'你中有我、我中有你'，进而变成'你就是我、我就是你'，着力打造一批新型主流媒体"[1]。当前，在传统媒体与新兴媒体融合的过程中，出现了传统媒体、新媒体两张皮的现象，二者只是进行了简单的嫁接，并没有达到真正的融合。根据习总书记的要求，媒体融合最终是要融为一体，合而为一，这意味着不仅需要实现媒介形态的融合，还要包括媒介功能、传播手段、所有权、组织结构等要素的融合。

---

[1] 央视网. "你就是我 我就是你" 习近平引领媒体融合走上快车道[EB/OL]. https://baijiahao.baidu.com/s?id=1625784427510380524&wfr=spider&for=pc.

元宇宙与媒体融合的这一目标和相关实践具有高度的同构性，媒体融合强调传统媒体和新兴媒体之间的互动，元宇宙则对标现实世界与虚拟世界之间的交互，每一对关系中的一方都不会独立存在，而是与另一方相互依存，相互影响，最终实现一体化的发展。抛开这两组关系在结构上的相似性，元宇宙致力于实现万物互联、虚实融合的野心，也将体现在媒体融合层面。随着元宇宙的深入推进，新的社会形态会加速技术之间的融合与思维感知的融合，进而统领媒体融合。这在一定程度上也说明，媒体融合深度内嵌于元宇宙万物互融的大背景之下，这时，融合边界的消弭就不再局限于媒体行业，而是发展为整个世界的总体态势。

（3）环境层面：融合场域不断扩张

近年来，随着新媒体的异军突起，全媒体时代媒体竞合推动主流媒体逐步向多元媒介转型融合，目前主流媒体基本形成了报、网、端、微、屏的媒介发展格局。2019年网络评论蓝皮书显示主流媒体在报纸、广播、电视的网站、自建客户端等自有平台的覆盖率，以及在微博、微信、聚合新闻客户端、聚合音频客户端、聚合视频客户端等第三方平台的入驻率都超过90%。可见，媒体融合的线上化程度越来越高，主阵地也随之转向数字化的网络空间。

在此前的媒体融合战略中，主流媒体主要开拓出两种转型路径，一是向外融合，积极推动传统媒体与新兴媒体融合发展，如打造"中央厨房"模式、建设"两端一微"、入驻短视频平台、探索融合式直播模式、全面采用人工智能平台等一系列新举措，极大扭转了主流媒体曾经的被动局面。二是向内融合，积极发挥自身体制优势、资源优势和平台优势，通过基于自身内容生产的优势持续创新融合产品，拓宽网络传播渠道、建设端口类产品，以及运用新兴技术打造创新型内容产品，成为中国重大信息发布的主要渠道、宣传思想文化的主要阵地、社会舆论的主导力量。另外，加速推进基层媒体融合中心的建成，丰富主流媒体发展的融合矩阵。

而元宇宙作为一种新的空间形态，为传统媒体转型升级创造了一个升级版的场域。在这里，媒体向外融合的对象得到无限扩容，比如跨行业、跨媒介、跨地域的融合，万物皆媒的深化将为媒体融合创造出更多的可能性。媒体向内融合的深度和高度也会有所升级，因为元宇宙致力于在融合的不断加深中彻底打破人与社会的二元对立，形成多维空间的"嵌套"。所以，元宇宙中的媒体融合不仅拥有多重行动空间，还可以借助新的媒介势头与力量，实现更深刻的自我革新与社会赋能。

总之，传统主流媒体作为推动媒体融合的主力军，无疑也是元宇宙的中坚力量，在未来，也将凭借自身的固有优势与勇毅的精神为元宇宙融合生态的良性运行提供专业的方案与智慧。

（二）元宇宙是媒体融合的未来形态

从传统媒介演进到元宇宙，在传播技术的变革中，我国媒体融合逐步从"相加"迈向"相融"。进入高质量发展阶段以来，建成立体多样、融合发展的现代传播体系是我国媒体传播行业发展的战略任务。现如今，在党中央的积极推动和Web3.0的持续赋国家行政学院音像出版社打造的国内第一个"元宇宙＋党建"系统，便是元宇宙背景下多媒体融合的代表。这个智慧党建空间包括元宇宙党建云和高品质的党建内容，还设立了元宇宙展厅和教室，配备了数十种智慧党建学习硬件，大量的精品课程为大家集聚一堂学习、提问和讲解提供了宝贵的资源。相较于传统党建时空交流的局限，元宇宙党建允许多人以3D身份同时在线，同屏开展党建会议和学习活动，并且可以一键切换党建参观场景，实现逼真的互动和身体接触，极大地提升了党建的效率。国家行政学院音像出版社的此次突破，不仅有助于挖掘传统媒体在融合新阶段的更多可能性，还能通过与党建的融合，总结出元宇宙驱动下媒体如何服务于政务的新经验。

国家行政学院音像出版社的智慧党建空间（来源：网络）

能下，我国媒介形态发展呈现出多元互融的特征，万物皆媒的泛智媒化已经成为元宇宙媒体融合的主流趋势，而元宇宙或成媒介发展新形态。

1. 从媒介形态演变史理解媒体融合的发展趋势

（1）媒介形态的历史演变与发展

从媒介的历史变迁来看，人类社会大致经历了语言前时代—口语时代—文字时代—印刷时代—电子时代—数字时代的更迭，又分别对应着自然符号系统—人工纸媒介系统—平面媒介技术—电讯媒介技术—数字媒介技术的流转。[1] 在历史的车轮中，媒介形态呈现出鲜明的演进特点，概括而言，即从有形到无形，从大屏到小屏再到无屏，从单一媒介到综合媒介，其中不仅折射出从平面到立体的基础形态升维，也牵引出更广阔的媒介力量，包括媒介技术对社会生产力的赋能，媒介边界消弭对传播结构的变革，媒介融合对社会发展趋势的巨大影响，等等。

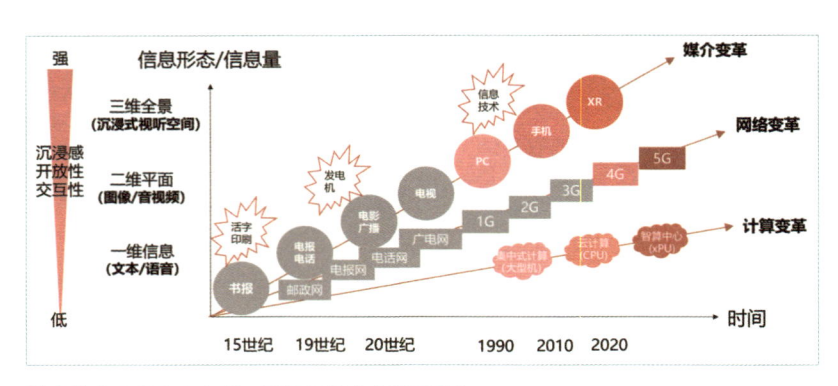

媒介技术变革史（来源：商汤智能产业研究院）

---

[1] 陈汝东.未来传媒发展趋势：一种媒介史的视角[J].人民论坛·学术前沿，2017（23）:15—20.

在传统的部落化社会，人们靠简单的图形、手势、表情传递信息，像我们熟悉的烽火狼烟、结绳记事，都是这个时代特有的媒介符号。有声语言的产生和使用，标志着人类口语传播时代的到来，耳朵成为主要的信息介质，听觉的训练尤为重要。这样一种面对面的交流模式，反馈迅速及时，极大提升了人际交互的效率，也有利于抒发感情和相互理解，但囿于时间和空间的限制，口头信息不便保存，对人的记忆能力也提出了较高要求。

为了克服传播距离与时间的局限性，人们发明了能记录语言的文字。所谓文字，其实是一种书面的语言，是语言在人体视觉系统的延伸，是视觉符号开始走上前台的第一次亮相。可以说，文字的出现，引领人类从野蛮时代过渡到文明时代，同时扩大了信息触达的范围，延长了信息存留的寿命，实现了异地与延时传播的突破。从此，人类传播便从示现媒介系统转向了体外媒介化系统，传播活动也逐渐摆脱本能，由技术介入和改变着。

伴随着人类生产工具的革新，尤其是古登堡印刷机的发明，文字的生产与书写逐渐走向规模化和标准化，报纸、杂志和图书等印刷媒介迅猛发展。从最基础的变化看，一方面，信息的复制成本降低、传播的效率提高，另一方面，相较于文字时代，印刷术的使用进一步打破了时间和空间的束缚，世界文明成果可以被批量生产，播撒至此前所不能及的远方。更重要的是，文字和经验的规模化复印，打破了少数人对知识的垄断，在报纸、书籍和杂志的启蒙下，媒介迸发出教育民众和组织社区、动员社会的力量。如果从媒介形态去理解这一突破，我们可以将其归结为视觉感官的作用。与听觉浸入人的身体不同，视觉使人处在观察对象之外，与对象保持一定的距离，起分离的作用，个体主义泛滥、秉持理性与克制是印刷时代的典型特征。也正是由于这些特点和影响，麦克卢汉才把这个时代界定为"去部落化"阶段。然而，实现再一次统合的媒介变革正暗潮涌动，徐徐前行。

1844年，美国人莫尔斯发明了电报，1876年，贝尔发明了电话，1877年，爱迪生发明了留声机，"电力"概念的出现，将人们带入一个崭新的电子传播时代。随着电讯技术的发展，无线电广播、电影、电视等综合性大众传播媒介被发明出来，迅速挤压了传统媒介的生存空间，升级为主流的媒介渠道。在麦克卢汉的笔触下，电子时代的媒介融合视觉和听觉为一体，具有荧屏的张力、强大的冲击力和视觉效果，由于综合启用了身体的多种感官，因此又实现了部落化社会的重建。庞大的世界在电子媒介的加持下不断缩小，整个地球连成快速可及的"地球村"。在此基础上，信息传播效率再次发生颠覆性变革，信息保存与传播的形式也被重塑，全球的现代化转型加速推进。

至此，媒介的历次发展都依托于有形的实物，看得见摸得着，而自以互联网为代表的数字媒介出现以后，媒介边界不再清晰，媒介外延不断扩展，媒介的定义被深度改写。一方面，这个时期续写媒介延伸的神话，诞生了电脑、手机等小屏终端设备，将此前所有媒介，包括语言、文字、图片、动画、视频等信息都以数据的形式组合在网络上，视听融合传播高度进化。从网络论坛、博客到微博、微信再到网络直播形态的演进，体现了技术赋能下的融合态势，人们可以轻松地在一种媒介上体验多种功能与服务。另一方面，海纳百川，不断激活、赋予和发挥万物潜在的媒介属性，促进人与人、人与物、物与物的联系，推动内容网络、人际网络和物联网络的连接，奠定了万物皆媒的基础。

沿袭互联网 Web2.0 的脚步，如今，下一代互联网——元宇宙新纪元的钟声敲响，媒介形态又迎来一次巨大的变革。首先，从外形看，信息终端体积继续缩小，甚至无屏化，像 VR 眼镜、VR 头盔、传感器、芯片等将是新一代媒介形态。其次，从空间体验讲，在数字孪生、3D 渲染与立体模拟的支持下，人们将进入沉浸式的全视听三维空间，眼耳鼻舌身意六感全方位体验将有可能成真。另外，作为元宇宙的基础设施，以 5G 为代表的新一代移动通信网络的变革，以及掌控计算性能和计算模式走向的云计算技术的升级，将助力万物实现互联互通，媒介即时与实时互动也不再是纸上谈兵。当然，在数字网络的铺垫下，未来元宇宙中承担媒介角色的主体将继续扩张，尤其体现为人工智能、物联网型媒介的比例不断提高。由此可见，在元宇宙时代，媒介形态会有质的提升，万物融合的程度会更高，在此基础上，社会沉浸感、开放性和交互性都将迈向新的高度。

（2）立体化、多样化的泛媒介是媒体融合新阶段的主要内容

随着物联网技术和人工智能技术的升级迭代，元宇宙世界中的媒介泛化程度会进一步加深，这也构成媒体融合下一阶段的主要内容。在泛智媒时代，媒介技术的发展更加前沿化、智能化和复杂化，并走向立体化和多样化。说唱歌手特拉维斯·斯科特在游戏《堡垒之夜》中举办的虚拟演唱会可以作为我们对未来媒体融合想象的一次现实投射。这场名为 *Astronomical* 的演唱会活动共吸引了 1230 万玩家同时在线，Travis Scott 的虚拟化身穿梭在

游戏的各个场景之中，与玩家沉浸式互动，开启了元宇宙新时空交往的大门。可见，元宇宙带来的是高度沉浸交互式体验和感官的全方位连接，依托于三维立体的画面与多元的媒介手段，未来，人类社会将百分百地、24小时不间断地"永久在线"。

《堡垒之夜》游戏中的虚拟演唱会（来源：网络）

具体来说，媒介泛化可以从物理泛化和传播泛化两个层面来理解。一方面，在传统媒介时期，媒介形态具有典型的物理特征，表现为电视、广播、报纸等具象化的媒介形态，而在元宇宙的泛媒介阶段，媒介形态的物理特征更加细微，人作为信息接收对象有了更多的选择，并逐步从传统的二维演进为人可以全方位感知的三维。在立体化和多样性双重泛化的推动下，媒介真正提升了人的感知能力和感知效果，媒介真正融入人们工作生活中的方方面面，从基础的信息媒介演化为更加专业化的生活型媒介、工具型媒介和物联型媒介。另一方面，传播泛化从根本上改变了传统媒介形态的传播方式，表现为传播渠道的去中心化，传播主体的匿名化、分散化，以及传播内容的异质性。元宇宙世界中的渠道分发，将不再依托于某一个中心，而是在每个节点之间多点开花。数字分身的使用让每一个传播个体以虚拟形象示人，隐匿于广泛的元宇宙传播系统之中，相较于书面化的身份ID，这种匿名形式具有人性化、沉浸式的特点。与此同时，主体的广泛参与及媒介的深入渗透将极大提升元宇宙的内容密度，带来新的内容生态。无论是物理形态的升级还是传播形态的改变，都进一步推动了媒介之间的融合与联系，这不仅与媒体融合的目标相一致，也是政策支持、技术进步、用户需求等多种逻辑推动下的必然结果。

2. 元宇宙或成媒介发展新方向

从媒介形态的发展逻辑看，元宇宙为理解未来媒介提供了一种视角。虽然"元宇宙"还处于萌芽到炒作的过渡阶段，真正意义上的元宇宙实现媒介化也需要较长的时间进行探索，但可以肯定的是，元宇宙为未来媒介发展方向提供了多种可能。

元宇宙的实质是广义网络空间，在涵盖物理空间、社会空间、赛博空间及思维空间的基础上，融合多种数字技术，将网络、软硬件设备和用户聚合在一个虚拟现实系统之中，形成一个既映射于又独立于现实世界的虚拟世界。这种空间范围上的革命性延展，必然会使人们的认知增添新的维度，从而去挖掘和发现未来媒介在理论体系和方法体系上的可能性。

从技术角度看，元宇宙的本质其实是第三代互联网Web3.0，支持三维立体体验，强调信息与价值的双向交互。从产业链技术层面看，虚拟现实技术（VR）、混合现实技术（Mixed Reality,

MR）和增强现实技术（AR）已经逐步服务于人们的生产生活工作，百度、腾讯、阿里巴巴、字节跳动等互联网头部企业均已介入元宇宙产业链核心领域，为未来媒介的深度整合提供了坚实的技术支撑。因此，基于 Web3.0 也就是元宇宙的技术迭代将是未来媒介的重要基石。

元宇宙在场景应用方面的尝试与努力将有助于媒介向纵深发展，进而重塑传媒行业格局，比如 VR 将颠覆接收端，5G 将统一传输平台，AI 将重组生产端。其中，虚拟技术的应用对媒介形态的发展具有革命性的影响。一方面，通过 3D 沉浸式和交互性的媒介信息传播和接收，使媒介朝"身体"方向加速进化，进而重构人的存在方式。另一方面，丰富的场景化媒介全方位打破了传统媒介的范围，创造了无限的可能，虚拟数字人、数字孪生、数字藏品等新型媒介工具不断丰富，新的蓝海经济将进一步得到拓展。

迈入元宇宙，传播网络化、智能化进入快速发展阶段，推动"全程媒体、全息媒体、全员媒体、全效媒体"的融媒体发展是大势所趋。在厘清元宇宙与媒体融合的关系后，我们发现了其中的辩证性，二者互相依存，互相影响，而元宇宙作为更具象的产物，已经成为媒体融合未来发展的参照物。可预见的是，媒体与元宇宙更深层次的融合已经在路上，并呈现出诸多变数与生机。

第二节 元宇宙增强媒体的社会角色

元宇宙媒体融合进程的加快,让社会的守望者和传道者——媒体角色在新时代进一步被增强,主要体现在传播方式、叙事方式和生产方式等方面,三个维度的变化本质上是"人在信息中"这一媒介新特征的凸显,也是元宇宙生态下媒介功能的核心表现。与此同时,伴随着语境的变迁,媒体的社会属性也在不断被重新定义。

(一)"人在信息中":元宇宙生态下媒介特征的核心要义

"人在信息中"指的是元宇宙所带来的全真体验,人们沉浸式体验各类"全真信息",在立体逼真的环境中感知周遭的事物。例如,在新闻发生"现场"目击全真新闻,在战争"现场"目击全真战争,当然,这个"现场"是基于3D技术及数字孪生技术打造的虚拟现场,是通过元宇宙穿越时间、穿越空间做到的"君临"。除了这种技术的具身性不断增强,媒介叙事和生产也在互动性和主体性层面实现了"人在信息中",概括而言,就是促进人与人、信息、场景、社会的高度融合。

1. 元宇宙媒介传播的具身性增强

从麦克卢汉的"媒介即延伸"到如今的"媒介即存有",每一次媒介更迭都被看作人体功能的延伸,或者说,身体"缺席"的程度越高,媒介的延伸和传播能力越强。发展到元宇宙数字媒介，"在场"代替"缺席"成为新的讨论中心，原先的"远距离身"变成技术赋能后的"扩展具身"。具身性的增强是元宇宙媒介传播特征的集中表现，也是元宇宙空间的主旋律。

互联网的出现，将人类社会带入一个全新的赛博空间，在这里，人机耦合的电子人，也称赛博格，可以穿越时空，脱离物理身体自由活动，甚至可以获得永生。随着虚拟现实技术的发展及数字化的深入推动，赛博格所意味的"人类与动物、有机体（人类与动物）与机器、身体与非身体之间的界限的模糊"[1]开始有了更直接、更现实的支持。从生命形态讲，"未来的任何生命都应该是有三元化生命，即自然生命、虚拟生命、机器生命"[2]。自然生命是现实生活中实实在在的自然人，虚拟生命则是虚拟世界中的虚拟人，机器生命则是内部载有AI的高仿人机器人。从身份类型讲，赛博人分别拥有真身、具身和化身。真身对应自然生命，是实体的肉身。具身是"被现实情感、思想、社会关系、规范附着的交往人"[3]，是现实真身在虚拟世界中的副本。化身则是虚拟具身的体现，不一定与现实具身相对应，是人高度沉浸于虚拟世界的产物。基于以上讨论，元宇宙中的人可以用于多重分身，这种分身既可以是现实的具身，也可以是虚拟的具身，还可以根据不同交往情境切换不同身份角色，包含着"自身延展、

---

[1] 彭兰.智能时代人的数字化生存——可分离的"虚拟实体"、"数字化元件"与不会消失的"具身性"[J].新闻记者,2019（12）:4—12.

[2] 德外5号.沈阳：元宇宙内核的三化、三性和三能丨德外荐读[EB/OL].https://mp.weixin.qq.com/s/1a80dMkEWAjPflWjfuxXsQ.

[3] 杜骏飞.数字交往论（2）：元宇宙,分身与认识论[J].新闻界,2022（01）:64—75.

裂变、虚拟和弥漫的种种可能"[1]。

在移动社交传播阶段，人是媒介的一部分，媒介与人逐渐同一，在如今的Web3.0时代，媒介蔓延至物和机器，人与物、机器的融合也越加明显，也就是说媒介、人、物、机器均趋向一致，万物皆可为媒。前者造就了主体—介体融合的传播人，后者催生人—物—实践融合的交往人[2]，数字传播向虚拟交往的转化，放大了身体的重要性，也带人们从简单的信息传递走向更深刻的交流与行动层次。

从赛博人的生命状态过渡到临场感知，其中的具身意涵更加凸显。首先，元宇宙三维空间的生成为逼真的临场感提供了物质基础，VR、AR、脑机接口、全息投影、数字孪生等技术，使人们沉浸于三维场景之中，仿佛身临其境一般。其次，在如此沉浸的空间中，体验性是元宇宙居民的第一选择，除了虚拟环境对外部环境物理状态的映射与还原程度，人们更关心三维的空间能在多大程度上赋能社会连接，也就是社会情境的营造，即能否建造一个由虚拟居民持续的、具体的社会互动形成的社区。

2. 元宇宙媒介叙事的互动性提高

传统的叙事模式倡导将身体与心灵分离开来，并把人的精神活动置于身体之上，看重的是故事中想象性的欲望对于现实苦闷的补偿。元宇宙叙事则允许身体直接接触这个世界，并赋予其某种能动性。换言之，"元宇宙乃是一种'身体的直接现实'——

---

[1] 杜骏飞.数字交往论（2）：元宇宙，分身与认识论[J].新闻界,2022(01):64—75.

[2] 同[1]。

今年 7 月，三星电子在元宇宙平台 Roblox 中推出一款元宇宙游戏 Space Tycoon，游戏以三星空间站和研究实验室为背景，玩家可以在里面收集虚拟主题配件和虚拟电子产品，在采矿区采购资源，在商店里购买游戏物品，在实验室组合制造手机、电视、手表等成品。除此之外，在 Space Tycoon 中，玩家也可以参加虚拟派对，互相交流等。相较于传统的在线多人游戏，在这个新的空间中，用户创造性被进一步激活，自主体验得到提升，场景设计也增强了用户的沉浸感。同时，交互功能的优化，也会让用户对虚拟社区产生依赖感，从而产生更强的社会临场感。

Space Tycoon 游戏（来源：《Space Tycoon》官网）

它让人的身体本身变成了人的世界（虚拟现实）的主人"[1]。人直接存在于想象之中，掌控着叙事的走向。

在这样一个前提下去讨论元宇宙叙事的特点和影响，主要有两种思路，一是文本要有沉浸感，进而加强真实肉身与虚拟世界的深度互动。在元宇宙里，内容和体验的界限会越来越模糊，甚至完全合二为一。沉浸式的故事与体验，加上通过技术实现的低延迟，能够让用户深深沉浸在其中。用户在多个元宇宙中可以扮演不同的角色，这样就可以充分享受不一样的身份快乐。这种心理上的流连会产生媒介依赖，从而提高用户在元宇宙中的留存率。二是用户获得掌控叙事脚本的主动权，每一位登录元宇宙的居民都可以变成深度玩家，参与故事创作。元宇宙媒介叙事最重要的工作，就是进行内容的基础脚本设计，但这个基础脚本是开源性的，是未完成式的，需要由用户来完成整体内容的建设与书写。如星链 StarLink 是一个链上的虚拟游戏空间，它可以模拟出一个位于银河系内的真实世界空间站，主要是将现有的空间探测成果数字化，人们在这里可以看到发射进度和部署数据。在 StarLink 中，行星和卫星也像土地资产一样能够被购买和交易，用户借助星链 STARL 币完成地产投资。在 StarLink 中，玩家可以创建自己的生活空间和故事，包括搭建自己的星球。StarLink 的实验充分尊重了用户独立叙事的权利，进而也培养了用户对虚拟空间的归属感。

---

[1] 周志强.元宇宙、叙事革命与"某物"的创生[J].探索与争鸣,2021（12）:36—41+177.

星链 StarLink（来源：网络）

从元宇宙媒介叙事的特点看，未来媒体角色也应有的放矢，集中突破。比如，树立融合叙事意识，和传统的小说、影视、传说等构成的内容场景不同，通往未来元宇宙的内容 IP，必须是立体多维的、全媒体应用的、联动共生的，可以通过加强故事与游戏的融合，或者实体物与虚拟物的融合，打造多元媒介、多种要素融合而成的故事 IP。当然，培育创意思维也非常重要，元宇宙中的叙事规则是全新的，要在元宇宙中实现创造性生产，就要有创造性叙事的能力，大胆突破传统文本叙事模式对人的限制，挖掘多种可能。

3. 元宇宙媒介生产的主体性提升

媒介生产是元宇宙内容生态良性发展的重要前提，如果说开源脚本设计体现的是外在驱使的主体性，那么内容生产过程中所凸显的主体性就是内在的。一方面，用户自身的主体意识不断觉醒，对媒介的需求逐步提高，需求愈加精细化。另一方面，具备主体性的主体范围由 PGC（Professional Generated Content，专业生产内容）扩大到 UGC（User Generated Content，用户生成内容）和 AIGC（Artificial Intelligence Generated Content，生成式人工智能），三者各司其职，共同服务于元宇宙内容市场。

近年来，媒介形态的去中心化趋势使用户需求的逻辑从受众模式向用户模式转变，媒介传播由过去线性化、技术化的消费型工业模式向非线性的、社会化的、生产与消费融合模式转变。传统媒介融合的思维局限于一种消费型思维——由少数生产者创造内容，然后由众多消费者消费，所谓融合追求的是不同类型生产者之间界限的消除，即媒介形态的融合，进而带来技术、文化制度的融合。而新型的媒介融合是一种生产型思维——内容的产生不仅由传统媒介机构进行，众多的用户在消费的同时也产生内容，这是一种以用户为核心的生产型思维。用户生产是元宇宙的基础动力，因此用户模式无疑是元宇宙空间的生产标准。在新的时代背景下，多维体验型媒介的需求将进一步被激活，主要表现为多元角色扮演体验、虚拟与现实交融体验、人机交互类人化体验、C 端与 B 端逐步融合、基于数字孪生的沉浸式体验。因此，注重向价值型和实践型内容转型是未来媒体重点努力的方向。

当前，元宇宙风口主要集中在游戏、影视等领域，这些领域的产品本质都是内容，如果没有过硬的内容基础，再炫酷的呈现都会失去其价值和意义。放眼未来，无论下一代是全新沉浸式娱乐，还是虚拟现实融合的未来社交，都要以优质内容为载体和基石。可以说，优质内容是元宇宙的重要刚需。相较于互联网，元宇宙中的内容呈现形式更加多元，不仅仅包括图片、声音、视频等形式，还包括虚拟世界特有的形态，也正因为如此，内容生产对技术和专业水平提出了很高的要求。当前，出圈的内容主要来自 PGC，具有技术和资本实力的 PGC 生产方依旧是元宇宙初期的关键创新者。除此之外，UGC 和 AIGC 也是元宇宙媒介生产的重要力量，其中，UGC 创作学习成本、时间成本低，内容生产自由度较高，而且，在元宇宙的环境中，用户生产不再仅仅局限于单一的个体化创造，而更多走向集体共创式的生产。而当 PGC、UGC 的生产潜力逐渐消耗时，AIGC 可以弥补数字世界内容消耗与供给的缺口，突破人力限制，持续提升创作效率。

（二）媒体社会属性的重新界定

1. 重新定义媒体作为公共产品和私人产品之间的边界

在以往的社会语境中，媒体通常被认为是公共性的，起着传播主流意识形态的作用，其产品也通常被认为是公共性的。在元宇宙背景下，每个人真正拥有自由创造的机会，可以按照自己的想法进行创作，在 NFT 和区块链技术的加持下，每个个体创造的产品的所有权都划归个人所有，从而导致媒体作为公共产品和私人产品之间的边界变得更加模糊。

元宇宙代表经济去物质化和思想物质化的大趋势，人类的创意和思想可以更直接地产生物质价值，大幅压缩创意到产品的周期和成本，进一步加快创作、生产效率，从而开启创作者经济大时代。人人都是创作者、人人都是产品生产者的发展趋势不得不让我们重新审视媒体仅仅作为公共产品的局限性。

Yahaha 正在为 3D 互动内容建立一个开创性的世界级 UGC 平台，该平台成立于 2020 年，现已在芬兰、韩国和中国开设了办事处。平台拥有强大的工程文化，超过 80% 的团队成员都是工程师，因此具备强大的 PGC 专业基础和 AIGC 的技术赋能。凭借开放的文化，拥抱多样性、创新性和包容性，平台用户可以参与 Yahaha Studio 制作的所有游戏、互动内容、创作和多元化社区。在这个平台中，创作者无须掌握任何技术技能，即可轻松构建多人在线游戏世界，将各种创新想法实现并传达为高质量的作品。借助尖端引擎，创作者也可以快速方便地生成多人互动内容。因此，只要有想法、有创意，你就可以成为 Yahaha 的创造者。可见，在元宇宙生态中，PGC、UGC 和 AIGC 并不是完全对立的关系，而是各有所长，共生发展。

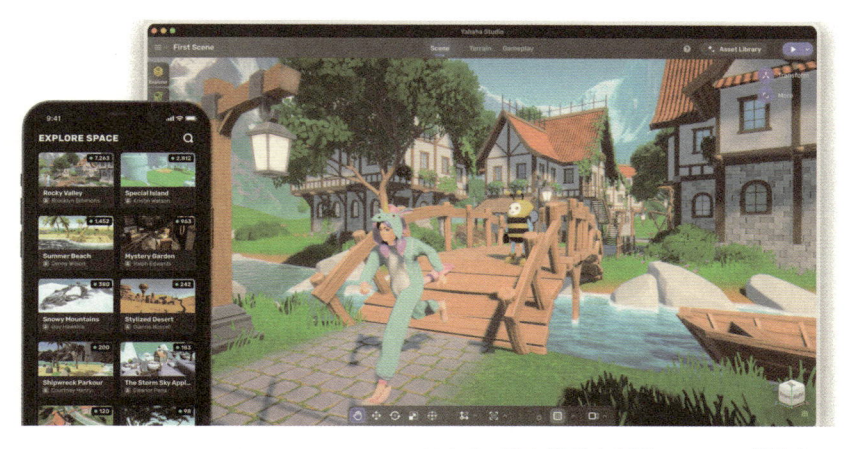

Yahaha 平台界面（来源：Yahaha 网络）

2. 重新定义媒体的中心化和未来发展非中心化之间的边界

其实，从传统媒体到元宇宙变革的过程中，去中心化是大势所趋，但是在元宇宙中依然存在中心化，或者说是"再中心化"。从本质上讲，变革的只是中心化的程度、形式和结构，而不是没有中心。如当下的媒体数据分散在各个公共服务的后台，没有汇总在媒体后台，难以形成闭环。而在元宇宙时代，数据能够轻松实现分享共通，借助算法技术，媒体可以掌握信息和数据的生产主权，去挖掘更多的潜在数据。此外，在未来，主流媒体可以建立数字化平台，把后端的数据全部收录进来，并充分利用这些数据，变被动为主动。

3. 重新定义传统社会结构和未来媒体社会生态之间的关系

随着元宇宙应用边界的拓展，社会信息的传递和社会共识的形成将依托于这一空间实现，包括借助技术手段，拓展用户参与社会生活各个方面的感知维度，超越此前任何媒介形式带给用户的媒介体验，从而使媒体呈现方式从传播式转向沉浸交互式。以数字虚拟人为例，作为元宇宙时代下媒体的发展重心，未来数字虚拟人将替代真人进入生活和工作，而未来媒体从业人员的岗位或许会发生较大的变化，重复性的岗位会被大量替换掉。在传统社会结构中占据重要一环的媒体人在未来或将成为优质内容的生产者，成为与虚拟人和机器配合进行内容生产的协作者。由此，元宇宙将进一步改变媒体地位，重构媒体与社会生态之间的关系。

媒体是社会行动的重要主体，元宇宙的到来冲击和革新着整个媒体行业，从发展趋势看，媒体深度融合将是未来很长一段时间的主旋律。在此基础上，媒体身份与地位、媒体转型与升级都将有新的要求。可以说，在元宇宙的影响下，传媒领域将快速驶入历史新方位。

第三章 媒介技术是培育元宇宙的沃土

  元宇宙的崛起离不开庞大技术体系的支撑，包括区块链技术（Block chain），交互技术（Interactivity），电子游戏技术（Game），人工智能技术（AI），网络及运算技术（Network），物联网技术（Internet of Things）和数字孪生技术（Digital Twin）。其实，每一种技术的发展都内嵌于"媒介"的迭代之中，既从物质层面造就出实体的媒介工具，也从非物质层面开拓出新的连接维度。因此，技术为元宇宙的蓬勃发展提供了丰厚的沃土。

第一节 元宇宙技术基础的媒介属性

作为数字技术集成的产物，元宇宙也是多种媒介融于一身的升维媒介，融合所催生的势能增加了人们在元宇宙中行动的可能性。具体来说，底层技术助力元宇宙入场升级、体验升级、产业升级，这一系列的改造得益于全新场景的搭建，更归结于媒介情境的重塑与媒介价值的释放。在媒介的赋能下，元宇宙技术不仅仅能实现物质设备的静态优化，更体现出增强虚实融合等更广阔的动态潜力。

（一）七个底层技术的媒介角色

在元宇宙的底层技术支柱中，网络及运算技术和物联网技术提供了可随时随地接入与切换的条件，交互技术为可延展的生活体验提供了基础，电子游戏技术加速了生产力的解放，营造了可创造的良好氛围，区块链、人工智能、数字孪生技术的多点开花，提供了可应用的融合模式。在可接入、可延展、可创造和可应用的四元架构中，元宇宙技术的媒介活力被激活，行动力得以延伸，勾勒出独具想象力的未来空间。

表4 媒介视角下元宇宙技术的四层架构

媒介角色		底层技术
元宇宙	可接入	网络及运算技术、物联网技术
	可延展	交互技术
	可创造	电子游戏技术
	可应用	区块链技术、人工智能技术、数字孪生技术

1. 可接入：行动自由度提升

（1）网络及运算技术：低延迟在线

在元宇宙中，人与人、人与计算机等信息沟通最理想的状态就是在一个大型、实时、共享、持久的环境中进行交互，极速发送和接收大量的云数据，甚至做到我所见即你所见。而决定这些的就是最基础的网络技术。这里的网络指的是由骨干网、网络、数据交换中心和在它们之间路由的服务，以及管理"最后一公里"的服务，为消费者提供持久、实时连接、大带宽和去中心化的数据传输能力。

无论是远程执行计算繁重的任务、访问大型数据库，还是在用户之间提供共享体验，都离不开网络与通信。当前，5G 移动网络是支撑元宇宙发展的重要通信基础，具有高速率、宽带宽、高可靠、低时延等特征。5G 不仅仅是更高速率、更大带宽、更强能力的空中接口技术，而且是面向用户体验和业务应用的智能网络。根据独立第三方网络测试机构 Open Signal 的测试数据，4G LTE（Long Term Evolution，长期演进技术）的端到端时延可达 98 毫秒，满足视频会议、线上课堂等场景的互动需求，但远不能满足元宇宙对于低时延的严苛要求，而 5G 带宽与传输速率的提升能有效改善时延并降低穿戴体外设备带来的眩晕和不适感。未来，随着 6G 网络技术的发展，这一系列体验会进一步得到质的提升，从而真正满足元宇宙对于低延迟的高需求。

另外，元宇宙是大规模的参与式媒介，交互用户数量将达到亿级，这需要元宇宙拥有强大的运行和计算能力，单个或少数服务器难以支撑元宇宙的庞大运算量。其中，作为算力基础的云计算可以提供快速且安全的计算处理、数据存储和机器学习等服务，使得人们可以摆脱时空的物理束缚，便捷地利用庞大计算资源与数据中心开展各项任务，通过发挥对计算资源的科学调配能力，压低资源成本，同时最大限度地激发算力资源使用效率。云计算将各类资源有效统一，实现数据计算、储存、处理和共享，这种机制的实现，更多在于"云"端，使得无论是个人还是企业都能很轻易地上"云"访问和使用所需产品与服务。可以说，正是得益于"云计算"的无限便捷性和庞大的资源池量，元宇宙演变过程中对终端设备技术与性能的限制性壁垒才有效降低，元宇宙普及速率和全面渗透率也由此加快，同时元宇宙对网络传输"低延时""随时随地"的必然要求也得以满足。

而边缘计算是指将工作负载部署在边缘的一种计算方式，它使计算能力和存储更靠近数据源，而不是将数据传输到遥远的中央服务器。以行车作比喻，在固定的车道（带宽）下，边缘计算相当于招手即停、就近上车的出租车，无须用车者移动到统一的中央车站去搭乘，减少了路上的延迟。边缘计算将应用程序和数据尽可能地靠近用户——这正是无缝体验所需要的，在 2021 年的东京奥运会上，阿里巴巴与奥林匹克广播服务公司（OBS）联手打造的 OBS Cloud 首次投入使用，为全球转播机构提供云上转播服务，这是奥运会历史上首次采用云计算支撑全球转播。对于全球媒体，基于 OBS Cloud，转播方不仅可以接收赛事内容，还可以在平台上建立自己的内容创作、管理和分发系统，使得转播方工作人员不必亲赴东京奥运现场，就可以远程完成转播和编辑工作。转播云施下的魔法，收获了超过 2.5 亿人次的加油声，造就了一次经典的云上奥运。可以说，网络和运算技术的发展造就了远程在线、低延迟在线的可能，为传播体验降本增效，夯实了接入元宇宙的基石。

"奥林匹克转播云"助力 2.5 亿人次观众云端呐喊（来源：阿里云微信公众号）

为用户提供必要的本地计算能力，同时最大限度地减少基于网络的延迟和网络拥塞风险。在边缘计算的加持下，无论参与者是住在北京还是上海，其沉浸其中的环境都必须下载到他（她）所在位置附近的本地边缘数据中心，当他（她）希望其化身与其他化身交互，拥有这些化身的人也将该环境下载到他们的本地边缘数据中心，以此类推其他化身，然后环境必须彼此同步，以便化身可以实时交互。

（2）物联网技术：万物即时互联

物联网技术的发展满足了人们多元化接入元宇宙的需求，未来人们与虚拟世界的交互将不局限于移动手机和电脑，各类可穿戴设备、眼镜、手套、汽车、家居电器等都能接入网络，完成信息传达与反馈。除了用于感知外部世界，物联网也可以辅助元宇宙接收更多现实世界的信息，包括人体数据、实体场景数据等。在未来，人们可以随时随地以任何方式接入虚拟时空，与任何人、任何物进行不受阻碍的对话。万物即时互联的实现也进一步印证了万物皆媒的趋势与规律，未来，人们的行动半径得到扩张，入场与退场自由受自己掌控，向外延伸和向内探索的条件也愈加成熟。

总之，5G、云计算、物联网等数字技术的发展将推动人类社会迈进高度智能化与实时交互的时代。这个新时代拥有超强的时空调用能力，即能够跨越时间、空间障碍，将过去与未来、宏观与微观、远方与近处等带到眼前。在此基础上，低延迟在线将成为未来人类生存的常态，跨时空的行动自由也将梦想成真。

2. 可延展：沉浸体验感增强

交互技术是沉浸式体验的关键，各种交互手段的开发增强了元宇宙的可延展功能。目前，交互技术主要包括触控交互、声控交互、动作交互、眼动交互、虚拟现实输入、多模式交互及智能交互等类别。

通过 VR、AR、MR、XR 等技术，元宇宙可以实现数字化的瞬间存在，不断开发多元应用场景，优化人类交互方式，营造一个虚实融合、交互共生的拟态环境。如 Meta 推出的元宇宙应用 VR 会议软件 Horizon Workrooms，允许用户用自己的虚拟分身与其他人在同一个虚拟空间进行协作，创造了全新的沉浸式会议体验。3D 技术也带来了沉浸的视觉交互体验，通过动态运镜、虚拟大屏、远近机位切换相结合，媒体可以告别传统舞台搭建，借助虚拟 3D 等技术打造现实景深般的视觉变化和极致的视觉感受，让虚拟活动内容具体可感，带来深度沉浸和极致在场的观感体验，实现现实世界与虚拟世界的无障碍连接。国内厂商"全时云会议"发布的全新活动产品"云景"，通过打造裸眼 3D 虚拟活动现场，突破了传统单一的直播形式，带来了全新想象空间。另外，全息成像技术的投入也是交互技术的应用范围，从 2013 年周杰伦在演唱会上和"全息"邓丽君隔空对唱，到 2016 年 G20 杭州峰会文艺演出中，真实舞者和虚拟影像配合表演《天鹅湖》，全息技术已被小规模地运用于演出中。2018 年 10 月，全息技术头部公司棱镜光娱与奥飞娱乐达成战略合作，开启了儿童全息市场。未来，全息技术还有可能突破文娱消费，在日常生活、工作中有更广泛的应用，比如新一代的信号灯、交互界面、电影呈现方式等。

作为互联网升级版的媒介，元宇宙完全打通了现实世界与虚拟世界间的隔阂，给用户呈现出多个高度融合又具体化的虚拟情境。全新的情境模式成就了不断增强的可视化和模拟能力。每个人的信息来源涵盖线上线下两个世界，更为迅速便捷，也更驳杂多元，用户以数字身份在元宇宙中进行持续即时交互，其可视性、协同性、持久性和可操作性提供了一种即时共享的社会语境，这种基于社交、合作、共享和交互的情境感知传播，必然对现实世界产生实质影响。在此基础上，新的数字生活空间不断涌现并逐渐成型。

3.可创造：社会控制力提高

游戏或许成为元宇宙最初落地的场景，电子游戏技术已经成为数字化建设进程中的中坚力量，《"十四五"数字经济发展规划》中明确提出打造智慧共享的新型数字生活，包括"加强超高清电视普及应用，发展互动视频、沉浸式视频、云游戏等新业态"[1]，其中，云游戏的发展是电子游戏技术和元宇宙的重要呈现方式。一般来说，电子游戏技术包括游戏引擎、3D建模和实时渲染三个方面，引擎工具的进化和渲染效果的提升不仅能打造逼真的游戏体验，更重要的是带来了人人创造和生产的可能，从而提高人们对纷繁复杂的社会的掌控力。目前，游戏技术已经打破了传统游戏的场景壁垒，逐渐被运用到数字文保、工业仿真、智慧城市、影视创作等诸多领域之中，游戏与社会活动的融合程度逐渐加深。

---

[1] 中国政府网.国务院关于印发"十四五"数字经济发展规划的通知[EB/OL]. http://www.gov.cn/zhengce/content/2022—01/12/content_5667817.htm.

作为最早参与 5G 研发和获得 5G 专利最多的运营商，中国移动在 2019 年 6 月就正式推出了 5G 云游戏平台咪咕快游。咪咕快游摆脱了设备性能的桎梏，实现了不同设备的多端互通，可以让用户轻松流畅地玩到游戏大作。中国移动凭借 5G 技术优势，有能力完成云游戏在多端数据的快速传输，同时，咪咕所持有的"技术+IP"的资源优势，特别是游戏 IP 优势，也对平台生态有重要影响。目前，咪咕快游已成为国内目前正版内容最多、用户规模最大的 5G 云游戏平台。

咪咕快游推出《仙剑奇侠传七》云游戏（来源：咪咕快游微信公众号）

作为当今世界所有平台上最具活力和最令人兴奋的娱乐类别，游戏将在元宇宙的发展中发挥关键作用。虚拟游戏中的装备和游戏币都是"真金白银"的，玩家能够在游戏当中随意构建自己的地盘，甚至能够通过持有游戏代币改变游戏的模式和未来的走向。另外，玩家可以自由展开市场交易，比如 2004 年，格拉芙以"安舍钟"的名字在《第二人生》游戏中注册后，通过"购买土地""盖建大楼"之后再转手"卖出"的虚拟地产生意在两年内赚了3亿元林登币，被称为"虚拟世界的洛克菲勒"。除了经济自由，玩家的创造力也被激活，可以自主完成一系列主体性活动，巩固主人翁意识，在虚拟世界中获得不断提高的控制感。

4. 可应用：万物融合深度拓宽

（1）区块链技术：信任黏合剂

区块链技术是用分布式数据库识别、传播和记载信息的智能化对等网，像 NFT、DeFi、智能合约、DAO、去中心化交易所、分布式存储等区块链技术是支撑元宇宙发展的重要分支。区块链具备的分布式、可追溯、高透明和防篡改特点，使之可以广泛应用在各个行业，成为社会信任的黏合剂。区块链被认为是安全和隐私保护的突破性技术。简而言之，区块链是一种分布式记账，用于存储已提交的交易，以促进数字资产在商业网络中的追踪和保护。

例如，在企业服务方面，区块链应用主要集中在底层区块链架设和基础设施搭建，为互联网及传统企业提供数据上链服务。自 2016 年，京东便开始了区块链的布局，之后又陆续成立了区块链项目组、发布京东区块链白皮书、推出哈希庄园区块链小程序，以及 BasS（Blockchain as Service，区块链即服务）"智臻链"区块链平台，一系列的战略规划使得京东科技入选国家"区块链+制造"特色领域试点，呈现出京东不凡的科技创新实力。目前，基于零售场景这一主阵地，京东已建立区块链防伪追溯方案，逐步覆盖京东全球购业务，实现"全程溯源"。另外，作为京东云自研的区块链技术底层，京东智臻链面向企业应用打造区块链框架系统——JD Chain，已经历经数十轮的迭代升级，在技术开源和产品赋能中为众多行业带来了技术创新的红利与先机。

京东区块链主要应用场景规划（来源：《京东区块链技术白皮书（2018）》）

基于区块链技术，新型数字文化产业也可以建立全新的真实性验证与信任机制。工业和信息化部发布的《2018年中国泛娱乐产业白皮书》指出，在文创产业，区块链有利于驱动形成融合版权方、制作者、用户等的全产业链价值共享平台，例如将明星或IP视为链源，可以打造出一条将投资人、音乐人、电影制作人、粉丝群体、艺人及经纪公司等融于一体的价值共享链。[1] 另外，借助可信时间戳、公钥加密等技术，区块链也能在数字交易和版权确证方面创造不小的价值，从而塑造出更良性的泛娱乐产业生态。

[1] 网经社，工信部：《2018年中国泛娱乐产业白皮书》（全文）[EB/OL].http://www.100ec.cn/detail——6441678.html.

虽然区块链对于元宇宙中的身份、价值及安全等问题，给出了答案，但还有很多问题没有解决。比如，区块链的性能TPS（Transactions Per Second），即"系统每秒钟能够处理的交易数量"，目前还无法支持庞大的互联网应用，因此区块链要真正成为支撑元宇宙发展的基础设施，仍然任重道远。

（2）人工智能技术：全场景应用

人工智能技术为元宇宙的全场景应用提供了基础，借助AI，我们可以实现表情交互、动作识别交互、语言交互、文本交互、视频交互等。例如，我们可以在主题乐园中参与体感互动游戏，通过动作识别参与赛车游戏；在酒店中语音打开房间电子设备；通过微笑表情对服务进行评价；等等。另外，基于计算机视觉乃至脑波分析的交互技术也已经出现，比如通过人脸跟踪控制系统或通过检测玩家的表情来个性化地调整视频游戏的难度和剧情等。

具体来说，人工智能技术在元宇宙中的应用主要体现在以下几个方面：一是精确化身创建（Accurate avatar creation）。用户通过虚拟化身进入元宇宙，如同在现实世界般的自由移动与互动，化身的建构需要人工智能技术算力分析，对用户进行扫描解析，获取逼真的模拟数据，在此基础上注入音色、语气、表情、嘴型、眼神、动作、衣品、环境等交互信息，最终使得化身个性鲜明。二是数字人（Digital humans）创建。数字人是几乎与现实世界人类一致的3D虚拟对象，它可以完美地复制人类身体机能，例如，运动、表情管理、语言对话等——它能够在虚拟世界中对各种行为做出反应。三是多语言可访问性（Multilingual accessibility）。利用文本分析和自然语言处理，人工智能能够帮助元宇宙用户实现语言解析，理解对象数字人话语所传递的结构及意义、情感和意图，并将其转换为机器可读的格式，整个过程就像是人类间真正的对话。四是虚拟现实世界的大规模扩张（VR world expansion at scale）。自主学习是人工智能的基本属性，这是应对超大规模精细化未来的必要动作，随着持续的输入、人工反馈和学习强化，人工智能获得经验并储存了元知识，不久的未来，人工智能只需要极少量样本，就能快速适应和发起新的任务，它将填补缺失的信息，预测未来事件、预测行动影响等，这将帮助元宇宙具备自主地、大规模地建构虚拟现实世界的能力。

作为自然语言处理、语音合成和机器学习等技术融合的产物，人工智能让机器以一种人性化的方式理解人类语言与情感，捕捉预警并提供智能响应。由于算法、算力、政府政策和用户需求的驱动，人工智能在近几年内不断取得里程碑式的进展。当前，人工智能为传统行业带来显著的价值提升，其优势体现在高效率、标准化、多模态。之后，人工智能的发展将会侧重其对于多样化、定制化的追求，让更多行业尝到技术普惠的甜头。

（3）数字孪生技术：打通虚实世界

数字孪生技术指物理世界和数字世界之间的映射，这种映射不仅仅是物理层面的，也包括逻辑、行为和流程的映射，同时也不是单向的，数字世界也能对现实世界下达指令，实施操控。当然，数字孪生也应该是实时动态的映射，每一个在现实世界中对应的实物孪生体所发生的磨损和改变都需要同步到虚拟世界中去。

起初，数字孪生技术多应用于工业制造领域，目前已经催生出智慧城市、智慧交通、智慧航天、智慧媒体等多种形态。例

2018年法国艺术团体Obvious创作的AI肖像作品《埃德蒙·德·贝拉米》，在纽约佳士得以43.2万美元的高价拍售，成为AI艺术的里程碑事件。原因在于艺术家在作品生成中使用了一种深度卷积生成对抗网络（DCGAN），作品创作大致经过了"数据输入—生成器学习—风格差异化"的无监督学习过程。

简单说，在数据输入阶段，艺术家给系统提供了15000幅绘制于14世纪至20世纪的肖像艺术作品，用于机器学习训练。接着，具备深度学习能力的GANs可以无须监督，就能生成新图像，一直持续到GAN模型能够生成风格差异性、多样性的肖像作品。基于算法导致的失真是该模型的属性，同时也形成一种独特的抽象感，与传统肖像作品的具象性拉开距离。而作品右下角的原始GAN模型的损失函数公式替代了人类艺术家的签名，表明了Obvious的艺术观念。人工智能的介入，为艺术创造提供了新的视角，一种新潮的艺术形式正在兴起。

AI肖像作品《埃德蒙·德·贝拉米》（来源：中国国博网）

如，由北京电影学院未来影像高精尖创新中心牵头研发并进行概念验证和关键技术攻克的成果——场馆仿真系统 Venue Simulation System（VSS 系统）有力支撑了北京冬奥会筹备的规划与运行设计，开创了首届虚拟仿真技术支撑下的"数字孪生"冬奥会。冬奥 VSS 数字孪生场馆模拟仿真系统采用虚拟现实、虚拟制作等技术，在仿真平台生成 1:1 的数字孪生场馆与环境，奥运转播团队可以直接通过模拟拍摄角度选择合适的机位，工作人员和志愿者可以在虚拟场馆进行场景化的沉浸式培训，省去了专门来实地进行调研和布局的人力物力成本。

场馆仿真系统 Venue Simulation System 预测图（来源：北京电影学院微信公众号）

无论是链上链下、机器智能，还是孪生映射，每一种技术都有全应用的技术优势和社会潜力，不仅能加强同一个平面的万物融合，还能打通不同界面，实现跨世界的万物对话，这些努力都为创建一个全新的社会生态打下了坚实的基础。

（二）媒介引领元宇宙技术的应用

元宇宙其实是一系列技术实践的场景，是人类社会对未来全新世界的投射空间。元宇宙既依托于场景发展，也内化于场景框架而行动，场景构成元宇宙的核心要素。然而，场景承载的是以媒介为连接器的建构逻辑，具体来说，媒介通过创造新的情境空间，推动了元宇宙与各种场景的结合。因此，媒介是引领元宇宙技术应用的关键推手。

1. 场景是元宇宙技术应用的核心领地

移动互联网时代搭建的是以手机为入口的个人计算平台，而元宇宙所致力于实现的是以头显、眼镜为接入点的场景计算平台，可以说，元宇宙的核心就是场景的连接，它所指涉的范围不是单一行业，而是全行业，是面向整个世界的。其中，元宇宙技术基建的任务便是要完成数字场景的建设，将人类社会带入一个全新的场景时代。

（1）VR/AR：虚拟世界的入口

虚拟世界的搭建从 VR/AR 等新一代终端设备起步，据中金公司研报分析，VR 出货拐点已至，微创新提升用户体验；AR 光学方案仍存在技术路径差异及核心技术生产瓶颈突破，相信在未来，VR/AR 有望成为虚拟世界的硬件入口，甚至下一代移动算力平台。❶

---

❶ 界面新闻.中金公司：AR/VR 有望成为虚拟世界的硬件入口［EB/OL］.https://baijiahao.baidu.com/s?id=1735028127050849286&wfr=spider&for=pc.

VR/AR 所建构的数字场景以沉浸交互为核心，其中，利用计算机技术模拟生成一个三维、逼真的，能够提供给用户关于视觉、听觉、触觉等一体化感官模拟的虚拟环境，用户可以借助外置装备，以自然的方式与虚拟环境进行交互，并相互影响，从而产生身临其境的感受，获得等同真实环境的体验。现如今，虚拟现实的基本概念和基本方法已初具雏形，并已经延伸到多种应用阶段。"VR+X（应用领域）"已经成为一种新的发展趋势，VR 技术正式进入"+"时代。从具体的场景使用看，VR 内容主要分布在 VR 视频、VR 游戏和 VR 应用三个层面，前两者还处于发展初期，VR 应用则主要面向 B 端，助力具体产业实现更高的效力或创新性的商业模式，短期内行业应用投资机会较小，更多在探索尝试阶段。针对以上场景的分发，线下渠道具有较为明显的优势，一方面，VR 线下体验店有望成为 VR 短期内聚集流量的主要阵地，另一方面，基于独特的互动体验及更强的客流承载能力，主题公园或数字文化体验园区也可能成为 VR 线下体验战场上的一支重要力量。

增强现实是在虚拟现实的基础上，将真实世界信息和虚拟世界信息进行"无缝"集成的一种新技术，借助计算机图形图像学和可视化技术，将虚拟的信息应用到真实世界，通过将计算机生成的虚拟对象、场景或者系统提示信息借助显示设备准确叠加在真实环境中，从而实现虚拟世界与真实环境的融合，给用户一个感官效果真实的新环境。以微软发布的头戴式增强现实眼镜 HoloLens 为例，眼镜会追踪你的移动和视线，生成三维虚拟物体呈现在用户所处的真实环境中，并允许用户通过体感动作或者声音与虚拟物体进行交互。Hololens 可以完全独立使用，无须用线连接、无须同步电脑或智能手机，通过多个传感器、全息显示技术和多麦克风阵列的立体声场技术创造半沉浸式、互动的增强现实体验。

在虚拟现实和增强现实发展的基础之上，MR和XR也带来了新的惊喜，进一步提升了与现实世界进行交互和信息及时获取的能力。总的来说，以虚拟现实为核心的技术集群的进化，将为虚拟世界的搭建和虚实融合提供一个集硬件、平台、计算中心、流量中心、娱乐和行业应用等所有功能于一体的新型终端入口。

（2）大数据与算力：服务适配的基础

在场景时代的构想中，大数据是场景传播的必备工具或方法，目的是完成个性化的、精准的信息触达与服务适配。在元宇宙中，数据是如氧气一般的必需物品，"数据标配—场景匹配—服务适配"已经成为平台和媒体传递信息的主流操作路径。同时，场景的内容不仅仅包括空间与环境信息的获取，还涉及用户身处此时此刻此地的身体需求和行为表现、生活惯性及社交氛围。[1] 进入元宇宙，这些要素还会分化为线上版本和线下版本，每个用户都呈现出双重空间下的场景状态。如此庞大的计算规模，必然要求较高的数据规模化存储与分析的能力，以及以指数级提升的算力。

在元宇宙中，基于数字化技术所勾勒出来的场景、空间、数字人都以数据的形式存在。随着数字经济的飞速发展，产业数字化转型与数字产业的兴起将进一步增加数据的体量与类型。另外，随着人类社会逐步向线上世界迁移，现实世界中的主体与社会空

---

[1] 彭兰. 场景：移动时代媒体的新要素[J]. 新闻记者, 2015（03）:20—27.

间也将被结构成数据生存。那时,大数据时代才真正到来,场景分析的基础才得以夯实。

算力是元宇宙新的生产力,当前算力资源还无法满足元宇宙场景的搭建,需要云端和边缘端同时发力。基于算力的提高,元宇宙可以实现多角度的场景赋能,比如高并发用户的同时在线、触觉嗅觉等三维多模态体验的升级、对环境和人物的高精度逼真渲染、体素建模等高阶建模方式的创新。

总之,大数据与算力发展齐头并进,除了稳固底层基建,更重要的是通过构建智能化分析平台,进一步了解用户需求,将信息搭载到智能交通、智能家居等各种场景,进而完成单一服务或者配套服务的提供。

2. 元宇宙技术落地的媒介逻辑

元宇宙的技术架构并不是一砖一瓦的平面结构,而是三维的立体结构,处于动态变化之中。从这个意义上讲,元宇宙是生成性的,关注过程的变化,而媒介正是这个过程的调适者,通过不断调整元宇宙技术架构的坐标,搭建出全新的生态体系。

一般来讲,建立元宇宙需要经历三个步骤:第一步是场景的数字化,包括人、物体/设备、空间/环境的数字化,主要通过3D建模完成,最后会打造出一个现实世界的副本或者创造出一个全新的虚拟世界。在这一步,万物上"云",在云端的场景搭建缘起于数字化和智能化媒介的发展,继而推动了万事万物的数字化转型与迁徙,以此适应不断增长的媒介化需求和不断加深的社会媒介化趋势。第二步是要素的结构化,据统浪潮 MetaEngine 与英伟达 Omniverse 的合作，似乎为元宇宙算力难题的解决提供了思路。MetaEngine 是浪潮在今年 3 月发布的全球首款元宇宙服务器，是具有强大的算力及软硬件结合的元宇宙算力基础设施。Omniverse 是英伟达旗下创建新的 3D 世界和刻画现实世界的软件平台。此次牵手联姻，硬软件结合，为虚拟数字人的内容制作与渲染提供了强大的基础工具平台支持。当然，虚拟人只是浪潮和英伟达携手进军元宇宙的第一步，未来，硬软件的开发与服务将会面向更多的行业场景，为元宇宙的大规模应用创造更多的机会与可能。

浪潮 MetaEngine 与英伟达 Omniverse 达成合作（来源：网络）

计，非结构化数据占企业数据的 80% 以上，并且以每年 55%—65% 的速度增长，而 IDC（Internet Data Center，互联网数据中心）预测，到 2025 年全球数据量将达到 175 ZB，复合增长率 27%，其中 80% 以上是处理难度较大的非结构化数据。为了抽取对人类有意义的要素，需要结合智能感知和分析，将数据按照一定的逻辑和规则排序，即把第一步数字化得到的大量非结构化数据转化为结构化数据。针对数据的结构化处理，本质是要发现数据的媒介属性，即不仅仅看重数据体量，还要关注数据的质量，挖掘海量数据之间的关联，从而可以在信息推送分发等环节有所突破。第三步是流程的可交互化。基于第二步得到的结构化数据，应用端才有机会实现决策智能，之后通过业务流程的自动化和智能化，收集用户反馈，不断优化产品内容与功能，从而完成一个良性的闭环。

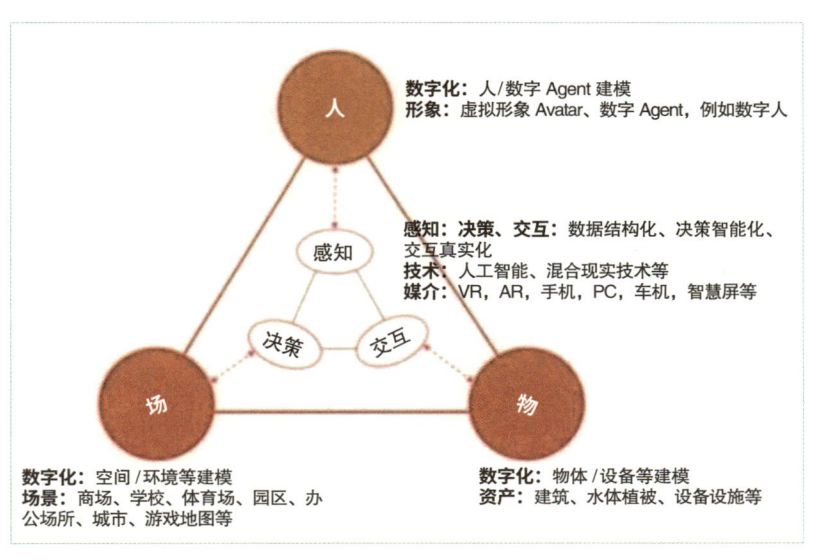

数字化：人/数字 Agent 建模
形象：虚拟形象 Avatar、数字 Agent，例如数字人

感知、决策、交互：数据结构化、决策智能化、交互真实化
技术：人工智能、混合现实技术等
媒介：VR，AR，手机，PC，车机，智慧屏等

数字化：空间/环境等建模
场景：商场、学校、体育场、园区、办公场所、城市、游戏地图等

数字化：物体/设备等建模
资产：建筑、水体植被、设备设施等

元宇宙生成的关键要素（来源：网络）

综上，元宇宙生成的过程可以概括为"实际场景—数据采集—数据规律化—规律模型化—模型算法化—算法代码化—代码软件化—软件服务化—服务场景化"。其中，媒介充当场景数字化的动力，也是要素规律化的目的，更是流程交互化的手段，在媒介的作用下，虚实融合的元宇宙世界完成了场景的重塑、数据的重组与交互的延伸。可以说，媒介引领了整个元宇宙技术的场景架构与功能输出。

（三）平台为社会赋能的元宇宙技术图景

在元宇宙卷起的浪潮中，平台角色不容忽视，当前，各大平台加速抢滩元宇宙，企求在新的时代格局中挖掘全新定位与增长点。更具象地讲，技术只是分散的"骨架"，依旧要背靠平台这具"肉身"完成使用价值与附加值的体现。当然，平台也需要依附可靠的技术实现蜕变与升级。因此，技术与平台是互相成就的关系，无论是从数字化发展的趋势看，还是从技术媒介化的程度看，平台或多或少地都带上了媒介色彩，包揽起多元的生活和生产服务类型，搭建起更庞大的关系网络，形成更强大的连接能力，而这也为元宇宙的顺利到来做着充分的准备。

1. 元宇宙驱动下平台的技术支持

宽泛地讲，元宇宙就是一个大型的生态级平台，包罗万象，无所不能，因此，从这个意义上说，其他实体或虚拟平台在各技术赛道上所做的努力，其实是为了更好地成全终极的元宇宙大平台。当然，从更务实的价值理性看，任何平台的技术应用首先要将锚点放至实体经济上来，通过数字技术与物理世界的深度融合，带动各行各业的发展，提升国力与国际竞争力。

以阿里巴巴平台为例，其打造的"北京2022云展厅"是奥运史上首个云展厅，既用数字化的方式实现了奥运与科技的交融，也为数字文化产业与体育运动产业的联姻搭建了一座桥梁。在空间设计上，色彩、线条、构型和元素的使用都体现了冰雪和运动特色，明亮简洁。在用户体验上，安排了"让精彩每天出彩""云上奥运@北京2022"和"阿里巴巴以电商服务全球奥运粉丝"三个展厅，每个展厅都以流畅的视频衔接，并通过"动画引导+观众主动探索"的方式，兼顾了用户的自主性。在UI界面设计上，采用2D和3D相结合的方式，包括空间层、UI层、内容层和声音层，还引入了虚拟云小宝讲解员，增强可视化的沉浸感。在数字技术的加持下，此次巡展送上了一个趣味生动，别开生面的冰雪之约。

除了场景渲染、文娱消费等体验型成果，平台也将技术赋能带到工业制造、乡村振兴、教育、医疗、零售等多个领域，发挥着举足轻重的作用。随着元宇宙的成熟，平台的技术背书需求会得到进一步加强，技术对平台的依赖也会有新的体现。

2.平台的元宇宙演进路线图：以MIGU为例

为了更好地理解平台技术对元宇宙的影响，本书以中国移动咪咕为例，系统阐述其制定的元宇宙战略规划，旨在描绘一条更具象的元宇宙发展路径。作为中国移动旗下负责数字内容生产的专业公司，咪咕以算力网络为依托，在元宇宙的道路上做了一些探索和尝试，已逐步勾勒出元宇宙的MIGU演进路线图。

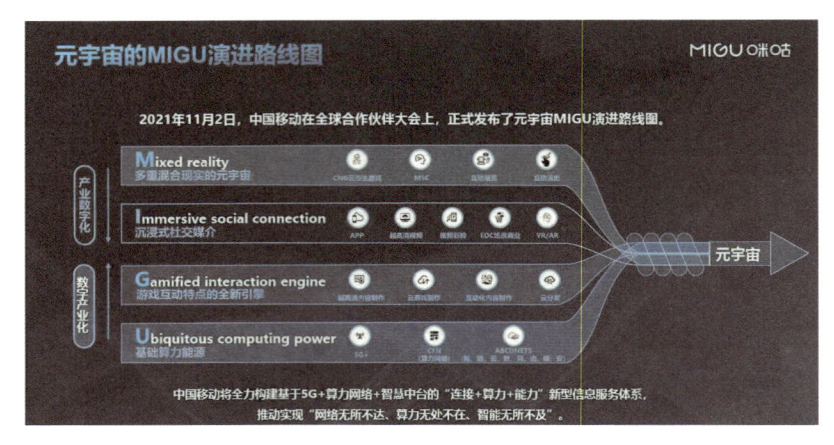

元宇宙的 MIGU 演进路线图（来源：咪咕）

（1）基础算力能源（Ubiquitous computing Power）

倒数第一层是元宇宙最为坚实的底座 Ubiquitous computing power 的算力网络，中国移动以算为核心，网为根基，构建算网大脑，通过网、云、数、智、安、边、端、链（ABCDNETS）等深度融合，打造可提供一体化服务的新型信息基础设施。

（2）具有游戏互动特点的全新引擎（Gamified interaction engine）

倒数第二层：基于算力网络，具有游戏互动特点的全新引擎（Gamified interaction engine）应运而生。具有自我迭代、成长能力的新一代引擎，成为我们在元宇宙运行和持续生长的动力来源和内在驱动力。

（3）沉浸式社交媒介（Immersive social connection）

倒数第三层：基于这样的引擎，咪咕打造了面向元宇宙的沉浸式社交互动（Immersive social connection），通过打造 App、超高清视频、视频彩铃、EOC 场景商业、VR/AR 等，实现人与人、人与物、物与物之间的连接，满足人类的更高阶需求。

（4）多重混合现实的元宇宙（Mixed Reality）

顶层：基于无所不在的算力，虚拟与现实实现了相互交融、相互打通。因此，元宇宙的最高层就是 Mixed Reality——混合现实。

由下往上，是数字产业化；由上往下，是产业数字化。当前，中国移动正在全力构建基于 5G、算力网络和智慧中台的"连接＋算力＋能力"新型信息服务体系，推动实现"网络无所不达、算力无处不在、智能无所不及"。

未来，平台的元宇宙转型不仅会朝着深度融合走去，还会担任更多元的社会身份，除了为平台"索取"，更重要的是学会向社会"奉献"，从而助力元宇宙大生态的可持续运转。

3. 中国移动咪咕打造 5G 时代首个世界杯元宇宙

自 1978 年中央电视台第一次转播世界杯，至 2018 年俄罗斯"超高清"世界杯，中国球迷经历了观看体验从 1G 到 4G 的质的飞跃。作为卡塔尔世界杯持权转播商，中国移动咪咕在 2022 年世界杯上创新推出宏大奇妙的世界杯元宇宙比特景观，成功打造 5G 时代首个世界杯元宇宙，实现国内首次批量数智人参与全球顶尖赛事转播和内容生产，中国自主知识产权音视频标准——AVS3 编解码、HDR VIVID 和 Audio VIVID 商业化播出，应用了基于 3D 渲染引擎的裸眼 3D 视频彩铃、云引擎赛事比特转播等多个"行业/全球首创"。同时还全新推出行业首个基于 5G＋算力网络的元宇宙比特空间——星际广场/星座·M。

具体说，在内容上，咪咕的版权版图覆盖全体育内容，赛事

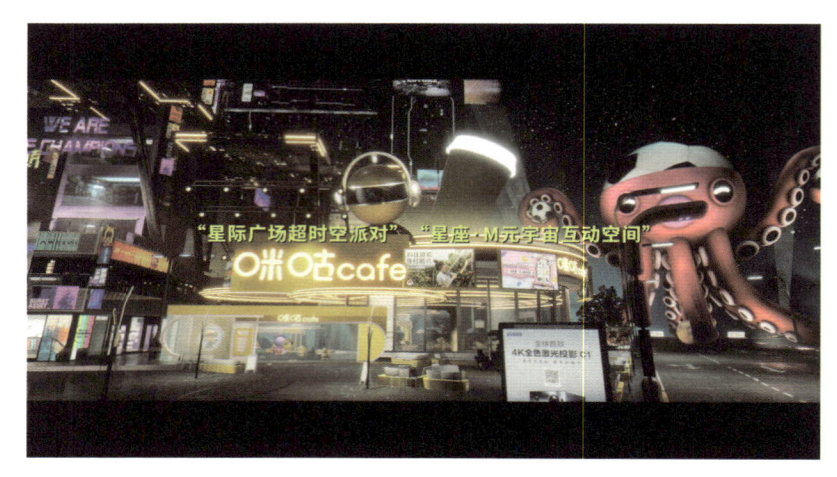

元宇宙地标性比特景观——星际广场（来源：咪咕）

覆盖了奥运会、世界杯、欧洲杯、亚运会等全球顶级盛会，足球、篮球、排球三大球，以及街舞、滑板等深受年轻人喜爱的运动项目。打造顶级嘉宾天团、极致满足球迷需求，是咪咕的核心策略。咪咕的直播间几乎囊括了国内顶级的足球评论员：宋世雄、詹俊、张路、颜强、徐阳、李明、区楚良、刘越、李欣、魏翊东、娄一晨等，国内足球领域的名嘴、名宿悉数在列。这套顶配的嘉宾阵容保证了专业的内容输出，成为咪咕的特色标签，提升了球迷的观赛品质，助力了赛事的转播破圈。

在技术上，众多黑科技在世界杯转播中的运用，体现了咪咕及其背后的中国移动所具有的强大技术优势。比如，用户可通过云渲染技术一键生成元宇宙比特形象，以专属的比特身份登陆星际广场，实现万人同屏观赛、打卡世界杯；还可前往星座·M，畅游六大比特景观区（即世界杯球场/主秀场、音娱空间、体育空间、艺术空间、游戏空间、商城空间），参与由多位艺人和其数智分身共同演绎的全球首个元宇宙比特音乐盛典。另外，咪咕还推出95款精品云游戏，让球迷在看球之余也能随时随地来一盘，享受"上场"的乐趣。中国移动数智手语主播弋瑭与咪咕公司"数智人家族"将一同跨越时空，集结助燃世界杯。智能座舱、XR演播室、MR互动观赛、MFX沉浸环拍等技术，也为用户提供了更多的观赛形式，助力解锁沉浸式智慧观赛新体验。据统计，世界杯期间元宇宙互动体验用户总数达5700万。四年间，中国移动咪咕通过内容＋科技＋融合创新，从体育赛道的"闯入者"，蜕变成这一领域的"引领者"。

这一蜕化，既是5G发展加速驶入快车道的有力表现，也是中国移动咪咕顺势而为，抓住时代机遇的努力结果。2021年11月，中国移动咪咕率先发布了"元宇宙的MIGU演进路线图"，提出元宇宙自下而上包含四层架构。一是以算力网络为基础供给数字经济所需的三次能源——算力。算力网络是以5G为代表的多项创新技术的融合，包括5G及人工智能、区块链、云、大数据、

5G世界杯元宇宙多位艺人与其数智分身阵容（来源：咪咕）

网络、边缘计算、终端和安全等各项技术，致力于实现网络无所不达、算力无所不在、智能无所不及。二是以具有类游戏互动特点的全新数字引擎为核心，成为产业数智升级的核心驱动，推动各领域数智化转型。三是以满足用户更高层面社交需求的沉浸式媒介为数实融合交互场景。场景由全新软件、硬件和服务构成，能够为用户提供数实融合的最优体验。四是数字与现实深度融合的多重混合现实。满足用户对美好生活的向往，体验到个体的自我实现。以数促实、以数助实、以数强实、数实融合，助力元宇宙探索与实践。未来，咪咕将充分发挥5G+算力网络优势，沿着"元宇宙MIGU演进路线图"，通过"内容+科技+融合创新"，携手各方伙伴共同打造中国特色元宇宙新生态，助力网络强国、数字中国、智慧社会建设，为全球产业发展贡献中国标准、中国方案、中国力量。

第二节　元宇宙技术生态图谱的核心是内容

元宇宙是一个由技术搭建起来的未来社会形态，技术组合的核心目标是打造符合元宇宙用户需求的优质内容。在这个全新的社会生态中，不仅仅是平台方进行内容生产，任何一个用户都可以参与内容的生产创设，这也就要求元宇宙的技术搭建要同时满足两方面的需求，一是满足大量用户参与生产的需求，二是技术框架的搭建要重构元宇宙应用生态、不断激活新的生产关系，让整个元宇宙技术与内容生态实现和谐运转。此外，作为一个面向未来的技术生态体系，元宇宙技术体系要始终以可持续发展为其价值旨归，力求建造一个安全、经济、文明的元宇宙生态。

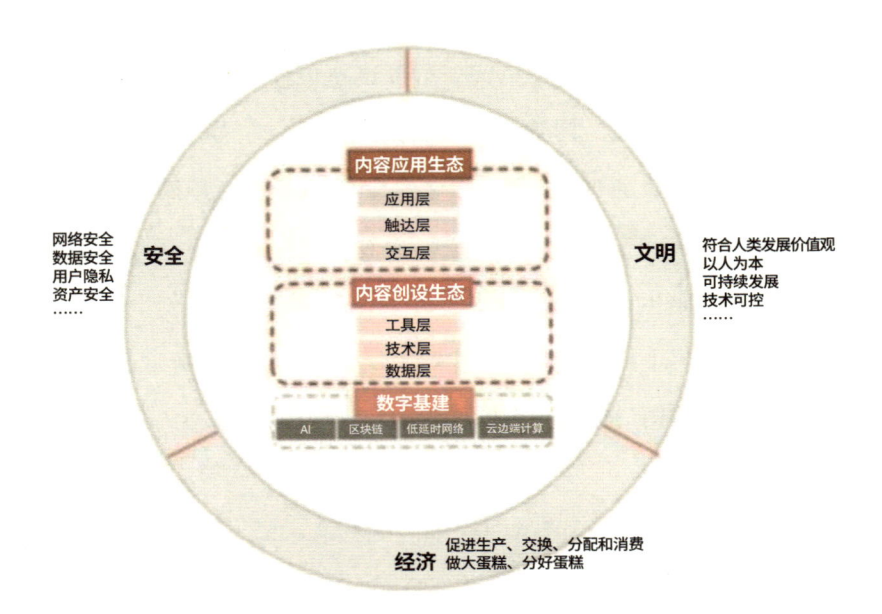

元宇宙基本构成要件（来源：网络）

（一）内容创设和应用生态重构并激活生产关系

元宇宙必须要建立在先进的数字基础设施之上，技术基础设施对于整个元宇宙生态大厦的运行起到地基性的作用。元宇宙所要实现的大量用户同时在线、高度的沉浸感、深度的交互性等功能都需要强大的软硬件基础设施的支持。那么，作为元宇宙内容创设的核心引擎，软件系统更应该成为元宇宙运行的重要动力源。元宇宙的"沉浸感""随时随地"特性对网络传输及计算能力提出很高的要求，这不仅仅依赖于某一技术的独立运作，更多的是多种技术的协同运作，贯穿于元宇宙内容生产、分发到呈现的整个链条中。

元宇宙整个产业能否健康发展，或者是否能够拓展出多大的发展空间，关键之处就在于是否能够构建起稳定高效的技术基础和应用生态，而技术生态的完备程度也在很大程度上影响着元宇宙内容生态的建设。内容生态可以概括为两个方面，一方面是内容的精准推送，通过优化算法等技术，实现点对点地满足用户的需求；另一方面在于用户的反馈，提高用户反馈效率，努力实现实时反馈，是生产优化的重要参考。应通过构建内容创设生态，为元宇宙内容生产打造高效的生产力工具，重构并激活生产关系，不断为终端的用户创造更多的优质内容和应用价值。

1. 软件系统：元宇宙内容创设的核心引擎

元宇宙技术设施中的软件部分是元宇宙正常运行的核心引擎，也是内容创设的重要支撑。元宇宙所需要的软件系统主要包括操作系统、数据库、编译器及元宇宙普遍语言等。其中，数据、技术与工具是元宇宙软件系统的重要功能取向。操作系统是其最基本也是最重要的基础型系统软件，是所有应用软件调用物理或逻辑计算资源、存储资源的媒介。其实，无论在物理机、虚拟机还是在容器中，操作系统都需要处理内存管理、资源供需的顺序、输入输出设备的控制等基本业务。数据库是一个长期存储在计算机内的、有组织的、可共享的、统一管理的大量数据的集合。

随着大数据的发展，单一的数据库类型已经无法满足大数据的发展需要，目前已经有不同类型的数据库可以服务不同的应用场景。本质上，元宇宙中的不同的应用场景也需要匹配相应的数据库提供服务。在元宇宙虚拟世界中，数字化的程度比现实世界更高，借由数字技术勾勒出来的空间结构、场景与主体等，本质上都是一种数字化的存在。因此，元宇宙世界，比现实世界需要更多的数据来支撑其运行。

（1）数据层

元宇宙中的数据类型多样复杂，处理的方式也是多种多样，作为存储数据的数据库也分别扮演着不同的角色，不断高效地应对不同的场景。如在元宇宙经济系统中，元宇宙需要依赖区块链技术运行，区块链数据库能够保存现有的相关信息及之前所有信息，不断生成新的数据。随着元宇宙中依赖区块链的数字化交易增加，以及历史数据的积累，区块链账本之间的数据会同步增加。元宇宙内不同应用之间、元宇宙和外部设备间的数据交互过程，以及外部设备采集、存储、处理、分发、利用和处置个人行为数据的过程，在技术层面需要区块链相关的分布式网络、共识机制、智能合约、隐私计算等加以支撑，在法律层面上则需要受到数据安全相关法律法规的严格约束。目前，我国在数据资源合规收集、存储、管理等方面有待进一步探索，相关法律法规有待进一步建立健全。

同时，元宇宙中的数据还可以支撑数字孪生。数字孪生可以基于多种视觉呈现技术、智能传输技术实现虚拟世界活动控制、设备的运行等。而这些功能得以实现的背后是庞大的数据在运行，大量的数据来自智能穿戴设备、感应设备等，其中包含了现实与虚拟设备运行即设备运行状态的数据，这些数据属于动态数据，这种数据处理实时性要求较高，这也就要求元宇宙中的数据库能面对大量的高频度的实时动态数据。

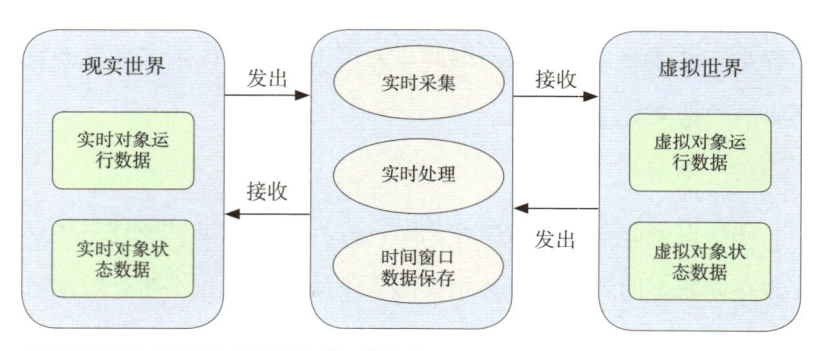

数字孪生实时数据库交互图（来源：网络）

（2）技术层

仿真引擎让元宇宙的感官体验更接近于真实。其中包括图像渲染、物理模拟、姿态模拟等主要技术模块。譬如，英伟达 Omniverse 平台结合 RTX（光线追踪）技术在三维渲染上有独特的优势，可以实时实现电影级渲染效果；Havok、PhysX 引擎可以逼真地模拟真实世界的物理撞击，被广泛地应用于游戏、软件和电影当中；Unity、UnrealEngine等游戏引擎在游戏制作的仿真、渲染方面备受游戏厂商的拥趸，也在不断向影视、工业等其他领域积极拓展能力辐射范围。

交互引擎支持人们在虚拟世界中沉浸式体验，并可将虚拟世界带入现实，并帮助实现虚拟世界与现实世界的精准叠加和虚实交互。例如，基于Ni-antic的高级增强现实引擎平台"Real World Platform"制作的《PokémonGO》游戏曾经风靡世界，可以实现多人、跨平台的AR游戏体验。其他还有谷歌的ARCore、苹果的ARKit和商汤SenseMARS，它们都旨在打造无缝融合虚拟世界和物理世界的全新增强现实体验。

《PokémonGO》游戏（来源：PokémonGO官网）

（3）工具层

工具层的创设主要用于辅助UGC创作，目前，创作者的工具箱主要包括三种。第一种是垂直服务的平台，如TikTok、

YouTube，专注于 SaaS（软件即服务）。第二种是横向服务的公司，支持专门的创作服务，如 Stir 聚焦于财务，Descript 用于音视频剪辑等。第三种是盒中业务（Business in a Box，BiaB）公司，他们希望能帮助创作者创业做生意，像教育信息化平台 Teachable 已经帮头部创作者赚了 1 亿多美元。

当然，除此以外，一些更具体的低代码或无代码设计工具的开发，有利于缺乏编程知识的元宇宙居民们真正成为自由的创作者，提升创作效率与生产力。在创作者经济这个大舞台上，已经有诸多平台开始挖掘发力空间，助力创作者创收变现。美国老牌数字创意软件巨头 Adobe 旗下共设创意云、体验云和文档云三大板块，这些都构成了创作生产力的来源。2022 年 3 月的"2022 Adobe 峰会"上，Adobe 发布了《Adobe 元宇宙白皮书》，并推出一系列全新的元宇宙构建工具，包括以 Substance 3D 和 Aero 为主的 3D 内容创建工具，用于深耕 3D 和 AR/VR 体验。以 Adobe 为代表的不断推陈出新的软件平台，正从源头给予更多的创作者更大的发挥空间，可以想象，轻量化的创作工具将促使创作者各显神通，助力元宇宙可持续发展。

2. 连接用户：元宇宙内容应用的终极目标

元宇宙是一个万物互联的社会新形态，但是万物互联本质上服务的仍然是用户，所追求的仍然是用户之间的连接，这是元宇宙内容应用的终极目标。元宇宙所有的技术框架所要实现的目标都是围绕用户体验，不断营造良好的用户内容生产氛围，从而形成"媒体—用户"之间良性的双向互动机制。元宇宙的技术框架在连接用户的维度可以主要分为三个层面，一是应用层，二是触达层，三是交互层。

（1）应用层

应用和体验既是价值创造的终点，也是价值再造的起点。一方面，内容创作的价值在应用侧形成最终闭环。另一方面，应用过程中所形成的用户反馈和需求，又将进一步孕育新的创新机遇，引导人们不断创造新价值。在应用侧，元宇宙的价值不仅体现在游戏、娱乐或是扎克伯格所描绘的虚拟社交等满足人们精神层面的需求，还应体现在对商业、金融、工业、文旅等产业发展领域，科研创新和交通、水务、环保等城市治理领域的全面赋能，促进虚拟经济与实体经济相融合，为人们的生产方式和生活方式带来颠覆性的变化。

（2）触达层

用户触达主要解决的是从内容创作到应用体验的"最后一公里"问题。主要包括如何曝光新的内容让更多人知道，如何保证内容的精准送达，如何让优质内容脱颖而出，如何确保内容本身的安全性等问题。这些既涉及数字内容的分发和传播，也涉及数字内容的评价和审核。用户触达层离终端用户最近，能够及时获取用户反馈信息和用户画像，对于整个内容生态而言，起到"天气预报"的作用，让内容创作者精准掌握用户需求。例如，游戏分发平台 TapTap、Steam、Stadia 云游戏等，都是内容触达用户的关键渠道。

（3）交互层

交互媒介是人们进入元宇宙世界的硬件入口。正如智能手机之于移动互联网，要获得更强的沉浸感、更具有交互性的用户体今年 1 月份,广东率先实现农业元宇宙"破冰",在广东省农业农村厅的指导下,南方农村报推出了首个农业虚拟人物"小柑妹"。在宣发的短视频中,"小柑妹"溜进广东德庆贡柑园,与现实新农人陈慧展开互动,并声称可以提供远程浇水、施肥、监测等服务。被视为德庆贡柑虚拟管家的"小柑妹"以清新甜美的容貌填补了农业元宇宙初体验的空白区,带来良好开局,让智慧农业管理有了新的展望。相信在未来,元宇宙技术应用将贯穿农业产业链全链条,如农业科研、农产品质量安全、农业体验等。

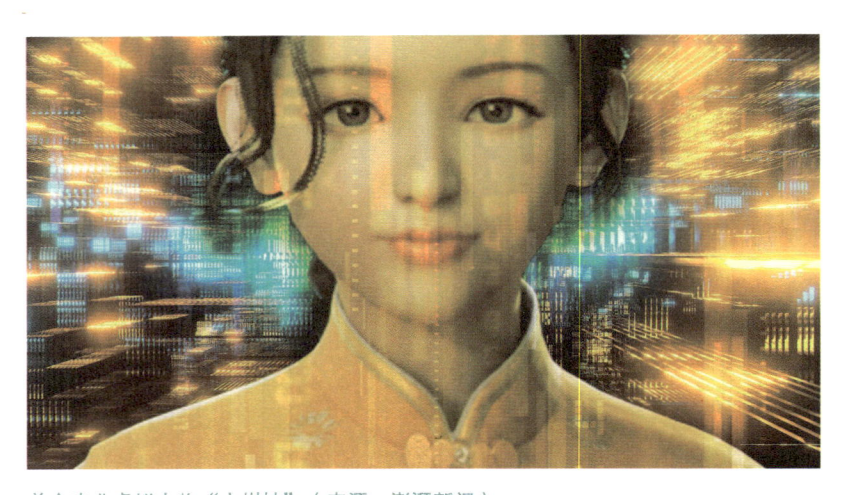

首个农业虚拟人物"小柑妹"(来源:澎湃新闻)

验，VR/AR头戴显示设备和与之配套的动作捕捉装备是承载元宇宙世界的最佳入口级产品。相较传统互联网，元宇宙更强调内容的应用价值，即帮助终端用户解决实际问题，要与用户的真实需求挂上钩，既包括提升用户体验，也包括提高应用侧效率，形成价值闭环。

（二）安全、经济和文明是元宇宙可持续发展的要领

1. 安全是产业发展的底线

安全是产业发展的底线，更是元宇宙运行的底线。由于元宇宙融合了区块链、大数据等大量新兴信息技术，其所面对的网络安全问题也更加突出和尖锐，比如用户隐私安全、机构数据安全、网络安全、数字内容的违规风险，以及数字资产的安全保护等。

元宇宙不是脱离现实的，而是与现实有着千丝万缕联系的，它的运行需要依托现实社会的基础设施作为基础保障。而现实中的这些提供技术和数据支撑的基础设施一旦受到攻击或者出现故障，所带来的影响和损失将是难以估量的。元宇宙所面临的网络攻击有可能对元宇宙中的用户和设备产生影响，也可能对元宇宙的运行商和服务提供商带来不良影响，这些不良影响主要包括非法侵入、盗取、信息泄露等安全性问题。面对元宇宙中潜在的安全性问题，最重要的是要充分利用技术来加强信息资源的保护，建立健全信息资源的溯源、流转跟踪机制。从更宏观的层面看，有关部门需要制定相应的规则规制和加强行政监管。另外针对海量、高并发的数字内容生成和迭代，更需要结合技术手段来

8月16日，国内头部数字藏品交易平台腾讯幻核发布公告称，即日起幻核将停止数字藏品发行，用户可自行选择继续持有已购买的数字藏品或发起退款申请。此次叫停引发了广泛讨论，因为科技巨头的撤退不仅会影响其他玩家后续的布局，更重要的是反映出NFT市场背后的诸多隐患。首先，受制于国家监管，目前国内NFT还未开放二级市场交易，数字藏品的市场流动性不强，由此带来的商业模式也并不完整，无法形成有效的闭环。此外，随着数字藏品平台的急速扩张，导致供过于求，用户增量空间受限，未来相关平台数量或将呈现下降趋势。数量的波动只是表面的征兆，如何平衡安全与盈利这架天平的两端，才是众多数字藏品入局者应该长久考虑的难题。

腾讯发布关停幻核的公告（来源：网络）

提升安全管理效率。

2. 经济系统促进数字内容的价值交换和高效分配

运转有序的经济系统可以促进数字内容的价值交换和高效分配，形成内容生产侧到应用侧的价值"飞轮"，从而推动元宇宙产业规模的发展壮大。元宇宙是一个独立全新的系统，其内在有独立的经济运行体系，原来在现实生活中的生产、交换、分配在元宇宙中仍然是存在的，并且有着不一样的存在形式，即虚拟化、数字化的水平更高，进行的效率也更高。元宇宙也进一步催生出以内容消费为基础的新型经济形态。如单身经济、适老经济、潮牌经济和颜值经济等新型经济形态，这些正向的改变与革新都为现行的经济体系带来了巨大的发展机遇。

但是，经济系统运行的同时也存在着潜在的危机与风险，主要就在于资本市场过热容易造成投资不理性。雏形期的元宇宙仍存在诸多不确定性，市场对新事物的追捧超过了产业发展的速度，短期阶段，产业出现追捧热，出现巨大波动，极有可能是资本为了推动行业概念成长所做的阶段性变现战术，甚至可能是资本阶段性金融收割工具。另外，元宇宙的发展可能难以摆脱资本的操控。作为一项新技术，元宇宙的创新和应用很多时候是由社会资本掌控的，而社会资本的过分干预可能会催生一种新的、基于元宇宙的、垄断性的文化形态，这与社会的主流文化是不相容的。

3. 数字文明构成元宇宙发展的基石

符合人类共同价值观的新数字文明不仅为元宇宙技术发展划

定伦理的边界，也是产业可持续发展的基础前提，如何正确地利用技术关乎元宇宙未来文明的走向。作为数字技术的革命，也是数字文明的重要成果，元宇宙拥有广阔的发展空间和无限的可能性。重要的是，我们需要紧抓"脱虚向实"的主线，积极引导元宇宙创新技术与实体经济发展"虚实结合"，确保实体产业的高质量、可持续发展。

此外，元宇宙的内容最终服务的对象仍然是人，要始终把以人为本放在首位。元宇宙是整合多种新技术而产生的新型虚实相融的互联网应用和社会形态，其本质是沉浸式体验，这本身符合人类社会信息技术与社会深度融合的发展大趋势。在信息技术发展过程中，从大型机到小型机，到 PC 机，再到移动终端和虚拟现实设备，人类社会的数字化程度越来越高，与信息技术之间的"亲密"程度越来越高，因此沉浸式发展是科技不断满足人们"亲密度"需求的必然过程。元宇宙基于扩展现实技术提供沉浸式体验，基于数字孪生技术生成现实世界的镜像，基于区块链技术搭建经济体系，将虚拟世界与现实世界在经济系统、社交系统、身份系统上密切融合，它仍是以往科技创新的延续。

技术进步驱动着人类社会发展。纵观人类的发展史，从狩猎、农耕、蒸汽机、电力、计算机到互联网，人类的科技创新无一不落脚在有效推动经济社会的发展上。元宇宙的"实"是在精神、娱乐等层面创造了新场景和新消费；元宇宙的"虚"是容易给非法集资等不法行为创造空间。科技向善是发展主旨，科技要不断带给人们实实在在的获得感，凡是试图脱离这个终极目标的华而不实的炒作，都需要警惕。我们应理性认识"元宇宙"概念背后的科技创新元素，同时结合国家和社会的实际发展需求，不断优化场景设计，充分将这些创新元素用到实处，有效推动经济和社会整体高质量发展。

总而言之，技术发展要始终以满足用户的内容需求为衡量尺度，元宇宙技术生态的创建与维护都要不断满足两个面向：一是面向用户生产优质内容；二是面向未来构建可持续的内容生态。

第四章 元宇宙：媒体行动的新场域

在元宇宙的大潮中，社会对媒体角色有了新的期待，作为互联网融合型媒介，元宇宙视域下的媒体应该是拥有一整套"一体化式解决方案"的媒体，不仅具有价值变现的现实势能，还应具有价值创造的可持续的未来动能。因此，在新的时代红利下，媒体行业应该抓住新机遇，借着元宇宙的东风加快发展。

第一节　元宇宙背景下媒体革新的发力点

回顾元宇宙所带来的剧烈冲击,可以预测其将以全要素凝聚整合的核心特征介入到媒体行业的各个流程,包括呈现形式、内容生产与分发及社会功能,助力完成全方位的融合升级,因此,这些方面是媒体在新的场域中需要着重考虑的发力点。

(一)呈现形式多元化和融合化

元宇宙最容易触及的便是媒介形态的革新,即呈现形式的多元化与融合化,依托于虚拟现实技术,以沉浸式体验为核心要点的新闻报道、体育赛事直播、影视与文艺演出和新闻游戏将是元宇宙媒体改革的第一块试验田。

1. 沉浸式新闻

虚拟现实技术的升级正在驱动一场元宇宙时代数字新闻业的变革,由于其带来了身临其境的沉浸感,因此,叠加了虚拟现实技术的新闻也称"沉浸式新闻",这种报道形式重新定义了以事实为根基的传统新闻内涵,转而强调用户与新闻的关系,"新闻成了用户对重构的事实的临场感知"[1]。近十年来,围绕这种新闻形态,国内外主流媒体做了大量的尝试,在数字新闻生产方面做了大量的投入。在迈入元宇宙的今天,媒体行业已经广泛涉足

---

[1] 陈昌凤,黄家圣."新闻"的再定义:元宇宙技术在媒体中的应用[J].新闻界,2022(01):55—63.

沉浸式新闻报道，将其作为参与元宇宙内容建设的重要举措。

美国ABC（American Broadcasting Corporation，Inc，美国广播公司）是最先运用VR技术报道新闻的媒体。2015年9月，ABC新闻部推出全新服务"ABC新闻VR"，在首部VR新闻作品《叙利亚之旅》中，用户带上VR眼镜或头盔即可亲临叙利亚首都大马士革，看到叙利亚的风景、街道和路人、国家博物馆，甚至"到达"地震和战争的现场。

在美国ABC的改革触动下，《纽约时报》在沉浸式新闻领域开辟出一条特色的交互式、沉浸式和3D式体验路径。2018年，《纽约时报》使用AR技术报道了加州史上最严重的火灾，用户既可以在电脑上观看沉浸式报道，也可以在手机上观看增强现实版本报道，实现了虚拟叙事的终端融合。2019年9月，通过环境摄影测量技术，《纽约时报》又以3D形式制作了飓风多里安（Dorian）的交互模型，复现了被飓风摧毁的房屋场景，使观看者如亲临灾难现场一般。新冠疫情期间，《纽约时报》以数据可听化的形式实现了全媒体叙事融合，其发布的《新冠死亡人数怎么就增加了42.5万》报道将死亡人数形象化，滚动时间轴上的每个圆点代表一个人的死亡，每25000个死亡标记为一行。除了可视化的图像，在时间轴的移动中还伴有声音的变化，随着"嘀嘀"声的不断密集，用户对死亡数据的变化有了更深刻的感知和意识。

随着国外主流媒体对沉浸式新闻的呼声越来越大，近年来，国内媒体行业也在积极推广沉浸式VR新闻。如今，中央广播电视总台的VR报道实践已经覆盖了众多重要场合。2019年，在庆祝中华人民共和国成立70周年阅兵式上，总台运用"5G+4K+VR"

的直播方式打破时空界限，打造出超震撼的沉浸式"VR阅兵场"。2020年1月27日，央视频上线雷神山、火神山建医院VR慢直播，一周时间播放量破亿，更被FOX（福克斯）、BBC（British Broadcasting Corporation，英国广播公司）、CNN（Cable News Network，美国有线电视新闻网）等45个国家和地区的495家电视台（频道）选用。除了在特殊事件中启动VR报道，中央广播电视总台也努力将沉浸式新闻常态化，2019年，CCTV央视新闻客户端推出"VR频道"，通过荟萃央视新闻精华报道，借助VR全新形式播报视频新闻、民俗、自然等，丰富了新闻表现模式，进一步优化了用户体验。

央视新闻《VR频道》（来源：央视网）

国内外媒体行业在沉浸式新闻领域做出的努力，其实是在发出向元宇宙靠拢和进军的积极信号。因此，媒体要适应新的信息传播方式，驱动新闻生产方式的革新，用虚拟技术做新闻报道，打造沉浸式新闻品牌栏目，引发观众产生"身处真实地方，重温真实故事，与真实身体在一起"的感觉。在超高传播速度和更广域的连接中，让观众从传统的"听""看""读"新闻到以第一人称视角身临其境"感知""体验"新闻。

2. 体育赛事直播与转播

重大的体育赛事是"上演"媒介事件的典型"剧场"，其因巨大的观众体量和极高的关注度受到媒体的格外重视，针对体育比赛的直播与转播不仅是媒体当下的关键议题，也将是元宇宙中热门的媒体场景。

早期，3D技术是增强体育赛事沉浸感的重要保障，如2010年法国网球公开赛和2010年南非世界杯足球赛，都尝试过3D转播。2010年6月11日，南非世界杯开幕前夕，著名体育频道ESPN（Entertainment and Sports Programs Network，娱乐与体育电视网）也在美国开播3D频道。2012年伦敦奥运会，来自英国的BBC、来自美国的NBC（National Broadcasting Company，美国全国广播公司）、ESPN等14家电视机构进行了3D转播，成为史上首届采用3D电视技术直播的奥运会。随后，在VR技术的驱动下，VR直播成为竞技体育的新潮形式。2015年，VR直播行业巨头Next VR对NBA赛事进行了全球首次VR直播，此后，越来越多的重大体育赛事都采用了VR直播技术，包括2016年里约奥运会、2018年俄罗斯世界杯、2018年平昌冬奥会等。

那么，在元宇宙中直播体育比赛是一种什么样的感觉？2022年5月1日，AC米兰对抗佛罗伦萨的意甲联赛完成了元宇宙首秀。在与TIM电信、区块链技术公司ConsenSys、区块链元宇宙公司The Nemesis的合作下，意甲在中东和北非地区进行了第一次元宇宙直播。除了观看比赛，球迷还可以玩相关游戏、访问意甲社交渠道、查看比赛实时数据，也可以让自己的虚拟化身穿上球衣。足球比赛转播的元宇宙转型为丰富体育直播形式提供了新的可能，意甲联赛以先驱者的姿态在这条路上为媒体提供了别样的新鲜感。

意甲联赛在元宇宙中直播（来源：网络）

3. 沉浸式影视与演艺

沉浸式演出是元宇宙背景下媒体创新不可或缺的一部分，甚至是会进一步大放异彩的机会。中央广播电视总台已经将沉浸式技术自如地运用到一年一度的春晚中，打磨出了更加现代化的、智慧的沉浸式舞台。比如2019年央视春晚的开场歌舞《春海》、深圳分会场一跃而起的虚拟鲸鱼，是全息投影技术的成果。2020年春晚歌曲《你好2020》中的AR技术应用更加娴熟，带给观众逼真的视觉体验。2021年春晚，为适应疫情需要，总台创新运用"云传播"技术，邀请"云"观众做客春晚，并与之互动，这一年的春晚还首次采用了8K超高清视频、AI+VR裸眼3D演播室技术。

2022年春晚进一步拥抱新技术，首次运用LED屏幕打造720度穹顶空间，还融合了XR、AR、全息扫描、8K裸眼3D呈现等新技术，呈现出沉浸式裸眼3D视觉震撼效果。可以说，技术范十足的春晚舞台已经领跑元宇宙演艺舞台的创新，春晚品牌系列的升级像是走在养成系的道路上，让观众不断见证着媒体的成长。

4. 新闻游戏

新闻游戏旨在寻找和开发游戏的媒体功能，通常以真实发生的事件为源泉，为受众提供仿真的虚拟体验，具有互动社交的传播特点、沉浸式传播的情感内核。新闻游戏形式的出现，同样是媒体融合的启发性成果，主流媒体将游戏的逻辑和思维内化到日常传播中，以适应当前的新媒体生态，并完成其"价值媒体"的任务与使命。具体来说，将游戏娱乐融入严肃报道中，既为重大主题报道的呈现形式提供了新思路，也能产生寓教于乐的效果。目前，已有不少新闻游戏成为具有较强影响力的传播精品。

（二）内容生产和分发智能化

内容生产和分发是传媒领域的核心环节，元宇宙驱动下的内容生产所迸发的活力主要来源于人工智能技术和区块链技术，通过打造媒体虚拟数字人IP，利用AI和算法赋能内容生产与分发，借助NFT数字藏品革新盈利模式与内容形态，是新时代媒体转型的重要趋势。

人民网与腾讯共同打造的互动H5《我的年代照》，发布仅4天就有超过3700万人次参与互动体验。《我的年代照》通过怀旧视觉效果和人脸识别的形式生成不同年代的记忆照片，让用户在不同的场景中感受时代气息，见证社会变迁，完成跨越时空的虚拟体验。未来，在元宇宙技术的加持下，场景式新闻游戏将为新闻传播带来更多提升空间，摆脱浅层次文本构建、游戏体验感不强等问题，全新的场景加上沉浸式体验将为用户带来独一无二的视听盛宴。

人民网联合腾讯推出的互动H5《我的年代照》（来源：人民网微信公众号）

1. 打造虚拟数字人

虚拟数字人具有效率高、零出错、全天在线、人设稳定等优点，目前数字人在主流媒体和商业平台中的应用较为普遍。

早在 2001 年，央视就推出首位"电脑虚拟电视主持人伊妹儿"，同年，世界上第一位虚拟主持人——英国阿娜诺娃（Ananova）诞生。2004 年 11 月，我国第一位虚拟电视节目主持人"小龙"，作为影迷的发言人，亮相央视电影频道《光影周刊》栏目。2018 年 5 月，在 CCTV 13 的特别报道《直播长江》中，虚拟主持人"康晓辉"与记者在现场进行对话互动、表演绕口令，声音和形象都栩栩如生。2019 年，央视网创作播出的《网络春晚》将虚拟主持人技术首次在国内大规模应用，出现了"小小撒""朱小迅""高小博""龙小洋"四名虚拟主持人。2021 年 11 月，总台新闻联合百度智能云推出的首个 AI 手语主播正式亮相，它作为第一个为冬奥会而生的数字人，在 2022 年冬奥会上全程进行手语直播。此外，总台也在《飞向月球》等专题纪录片中创新使用虚拟主持人、虚拟记者来呈现真人不方便探访的月球、火星等场景。

新华社在虚拟数字人领域的表现也颇有亮点。2021 年，全球第一位数字航天员、新华社数字记者小净亮相，由新华社联合腾讯游戏共同打造，耗时三个月完成。基于腾讯自研的 xFaceBuilder® 平台，小净的身体、服装、发型、表情等实现了近乎极致的建模效果，比如小净有十万根发丝、143 根骨骼、五千多个微表情。其中，小净的面部细节来自真人模特的扫描数据，采用了高精度材质贴图，因此能在表情和光线变化的同时产生细微的变化。当前，小净主要负责承担载人航天工程、行星探测工程、探月工程等国家重大航天项目的现场报道任务,也将有机会提供更加高效智能的社会服务。

在元宇宙媒体融合新时期,数字人为主流媒体提供了新的流量机遇,一方面极大提高了新闻播报效率,节约了人力成本;另一方面把记者从烦琐机械的新闻播报中解放出来,去挖掘更多的深度报道,提升新闻品质。

虚拟数字人在商业平台中的应用显现出巨大的经济潜力和社会价值。中国移动咪咕进军体育元宇宙,打造出体育数智达人家族。在冬奥会倒计时100天之际,咪咕以自由式滑雪冠军谷爱凌为原型,发布了首位体育数智达人——Meet GU。Meet GU完美复刻谷爱凌真人,参与了奥运推广、直播解说等活动,能够与用户实现多种沉浸式的实时互动。超写实格斗数智达人尤子希、篮球数智达人古逸飞等数智人则广泛地出现在赛事解说、相关赛事播报及电商虚实互动等场景。当数智人计划广泛铺开时,元宇宙在大众那里的具象化认知或许会更清晰。

自由式滑雪冠军谷爱凌数智分身"Meet Gu"(来源:网络)

可以预见，千人千面的品牌代理数字人将会是元宇宙世界中无处不在的虚拟化身，"融合人"正在深入渗透到媒体内容生产和服务的各个环节中，开辟出新的行业局面。

2. AI 持续赋能内容分发

当前，人工智能技术已经深入渗透至新闻采集、生产、分发和反馈等各个环节，在元宇宙中，这种赋能将是数量和质量上的双重升级，内容分发的智能化会提升到一个新的高度。

一方面，基于大数据的个性化信息分发将真正成为现实，当前的算法推荐还处于初级阶段，数据的量级还不足以支撑真正的算法时代的到来。在元宇宙中，数据体量的扩张将是前所未有的，媒体信息传播有望真正实现从一对多的大众传播模式到一对一的个性化传播的转变，用户的需求得到更细颗粒度的满足，用户的地位得到根本性的提升。同时，在元宇宙开放开源特点的影响下，未来算法将不再局限于个体需求的计算，而是致力于"贯通数字世界、心智世界、元宇宙和现实世界，实现人、物质、环境与空间的横向关系连接"❶，从而实现场景的高度适配，产生社会意义与物理意义的融合。

另一方面，基于主流价值算法的普适性信息分发在元宇宙中仍然是刚需。技术理性与价值理性的兼顾在元宇宙中同样是一个棘手的问题，主流媒体需要用主流价值纾解算法焦虑，甚至包括要用主流价值导向驾驭算法。元宇宙还处于不断进化的状态之中，

---

❶ 喻国明,张琳宜.元宇宙视域下的未来传播:算法的内嵌与形塑[J].现代出版,2022(02):12—18.

虽为人类提供了一套理想的乌托邦架构，但技术的利用不一定完全向善，算法偏见与歧视等价值观偏差问题仍有可能延续。鉴于这种"人造物"的透明度不高，这只"看不见的手"会在人们对元宇宙的日渐沉迷中实现潜移默化的涵化作用，从而引发一系列伦理难题。这时，主流媒体的角色就显得尤为重要，改善信息市场中的不均衡状态，打造风朗气清的元宇宙空间生态，是主流媒体价值算法义不容辞的使命。

因此，元宇宙驱动下的内容分发，不仅会实现智能程度的加强，也会推动不同算法主体和立场下对于价值的融合。

3.NFT在媒体中的应用领域

数字藏品可以说是媒体目前试水元宇宙、探索数字经济新商业的一个重要方向。现阶段NFT最具代表性的应用价值在于数字版权运营领域，NFT化的数字艺术品解决了其作品版权的确认、作品发行与流通数量的控制和盗版防范等问题，并提供更丰富的互动和商业化方式。更重要的是，NFT实现了虚拟物品的数字资产化和流通交易，带动数字资产的价值重估。

尽管中国互联网金融协会、中国银行业协会、中国证券业协会联合发布关于防范NFT相关金融风险的倡议，明确坚决遏制NFT金融化证券化倾向，不以虚拟货币做计价和计算工具，但不可否认的是Z世代的拥趸和数字经济生态的加速完善让中国式的数字藏品成为数字文创、数字艺术发展的新突破口。未来NFT的落地场景会更加多元，NFT将有望成为未来元宇宙时代的基石架构。

目前，NFT在媒体中的应用主要分为以下三类。

一是主流媒体出售特色内容产品。2021年，《时代周刊》拍卖了三本杂志封面NFT，分别是1966年的"上帝已死？"、2017年的"真相已死？"和尚未面世的"法币已死？"，每个封面都拍出了至少1.8万美元。同年，纽约时报则拍卖了一篇科技专栏作家凯文·卢斯的文章《在区块链上购买这篇专栏文章！》，最终收益约56万美元。2022年5月，安徽卫视围绕品牌理念"大爱传万家"的定位主题，发行了以"数字台标"为创意的数字藏品，以数字化和智能化形式推动以虚促实，提升主流媒体影响力。传统主流媒体机构拥有非同质化的新闻产品资源，是NFT集中应用的"富矿区"。有效盘活新闻版权作品，是传统主流媒体融合生产和开拓更多盈利空间的重要手段。

二是商业平台发布企业特色属性藏品。阿里巴巴在今年6月份推出基于蚂蚁链发布的NFT付款码皮肤。网易"猪厂学习鸡"发布限定款Uniquer系列数字藏品，包括限时领取的"千鸡千面"的新年flag盲盒（典藏款）和限量发放的学习鸡周边藏品（VIP限定），每款藏品每人仅能收藏一份。百度面向内部员工发放福利，推出"百度同学专属数字藏品"，该藏品是基于百度超级链发行的、具有唯一标识确认权益归属的数字作品。每个数字藏品都对应着独一无二的区块链编号，并且可以永久存储在链上，真正实现"个人专属"。根据平台和企业服务特色设计数字藏品也是NFT应用的一大特点，不仅可以进一步塑造品牌形象，还有助于巩固企业员工凝聚力，提升企业文化价值与品位。

三是IP衍生品成为NFT热门赛道。IP衍生品的销售是国内 NFT 交易的主流模式，比如腾讯幻核携手荣宝斋发行了"齐白石画作数字藏品，该系列数字藏品包含《游虾图》《三余图》《梅开雪霁》《白菜青蛙图》《丝瓜蜂虫图》5 款作品，单款作品限量 2500 份。主流媒体则借助优秀 IP 资源，开创出新的节目形态和周边产品。中央广播电视总台央视综合频道《古韵新春》节目组、央视网，联合湖北省博物馆、腾讯音乐娱乐集团旗下 QQ 音乐、腾讯区块链共同推出《古律叩新春，礼乐承千年》互动小程序，以国宝文物"曾侯乙编钟"为主角，让普通民众亲自体验绝妙的礼乐韵律。在微信搜索《古韵新春》小程序，即可线上敲响曾侯乙编钟。在互动演奏中得分高的用户，将有机会获得古风头像数字藏品，以及 108888 份限量版编钟数字藏品，包括全套战国青铜曾侯乙编钟，和钮钟、甬钟、镈钟三种单钟数字藏品。由于 NFT 的核心价值在于数字内容资产化，推动内容资产价值的全面重估，所以，聚焦数字内容产业的 IP 方可将自有文娱 IP 延伸至 NFT 领域，丰富 IP 盈利模式的同时，也能扩大自有 IP 影响力。

（三）新闻内容服务一体化

媒体改革不仅要实现内部的一体化发展，还要有横向拓展连接的能力。当前，展示型媒体不断向服务型媒体过渡转型，"内容+服务"成为媒体角色的新定位。随着元宇宙连接范围和深度的升级，这一趋势将再次延续。

咪咕文学旗下"奇想·空间"厂牌推出以元宇宙城市为特色的数字藏品,每一张藏品均以经典科幻IP为灵感源泉,描绘了平行时空里的中国城市未来图景,包括重庆、广州、上海、三亚、甘肃等省市,实现了"科幻未来"与"中国城市"的完美融合。该科幻藏品上线1分钟内突破众筹目标300%,发售2小时即售罄,火爆出圈,刷新了科幻数字藏品的新纪录。基于城市地域特色,虚拟的故事IP在现实生活中找到了"代言人",这种跨媒介叙事的魅力正是NFT注入IP的卖点和价值所在。

元宇宙城市数字藏品(来源:网络)

1. 提供信息、舆论服务

传播信息是媒体最基本、最核心的功能。在"万物皆媒"的泛媒介时代，主流媒体已经丧失了渠道优势，但无边界时代的专业性并不会在这一趋势下被稀释，而是成为宝贵的财富。进入元宇宙，媒体为确保不会被挤占主流阵地，必须内容生产和创新手段两手抓，通过输出高质量水平的内容，争当信息第一落点，更好地发挥舆论引导作用。脱胎于《楚天都市报》的新媒体翘楚极目新闻于2021年1月正式上线，凭借"有广度、讲态度、拼速度、有深度"的定位，放眼全球，旗帜鲜明地发表主流观点，第一时间前往新闻现场，加强对重大新闻事件和热点社会话题的深度探讨，开创出一条特色化和差异化的新媒体发展之路。信息和舆论服务是媒体的看家本领，保持这一基础优势，才能在元宇宙中站稳脚跟，谋一块立足之地。

2. 提供行业、专业服务

服务型媒体的提出，不是对媒体功能提出新的要求，而是重新理解媒体的本质属性。[1] 媒体可以在自己聚焦的行业和领域，提供专业服务，促进该行业制度成熟化发展，提升治理成效。以《光明日报》为例，其致力于打造一个有效服务知识界的新型平台，面向知识界、学术界提供专业性学术服务，包括传统的学术发表、研究、评价。为了抓住互联网这个学术交流和理论评价的"主战场"，《光明日报》开发了思想理论网络文章

---

[1] 光明网.陆先高：构建服务型媒体，推进国家治理现代化［EB/OL］.https://m.gmw.cn/baijia/2019—12/11/33391617.html.

评价系统（iWaes），还推出了思想理论成果数据库、思想理论专家数据库、"中国智库索引"搜索引擎与智库资源聚合应用平台等技术支撑与应用服务平台，从而更好地以学术讲政治、以文化讲政治，推动形成"学术中的中国""理论中的中国""哲学社会科学中的中国"。作为更高阶的融合社会形态，元宇宙的服务模式已经不能停留在走马圈地的规模化扩张阶段，而是需要考虑差异化和高质量的垂直服务，媒体的专业与行业服务优势正是这一大方向所需要的。

3. 提供党务、政务服务

在元宇宙中，媒体参与政务将不仅停留在简单的报道宣传层面，而是要通过媒体这一介质，实现"管理"向"治理"的迭代转型。2015年"南方+"移动发布平台上线，在媒体融合和技术创新的潮流中，被赋予传统媒体转型和再焕生机的重要使命。在7年的探索中，"南方+"已经开辟出一条集新闻内容和社会化服务于一体的特色道路。产品依托于移动端，坚守移动化思路，以平台为核心，集约化管理内容生产和分发，注重AR、VR、直播等可视化建设，并将"大数据+AI"贯穿到"策、采、编、审、发、评、馈"全流程各个环节，成功塑造了高效的全媒体传播体系。与此同时，"南方+"也加大服务功能，启动"南方号"，全面深入参与广东"互联网+政务"与"智慧城市"的建设，为广东省各级各地党政机关提供信息发布平台，推进了政府治理现代化。未来，政务元宇宙的发展将需要媒体继续赋能，推动治理升级与服务升级。

4. 提供民生、民情服务

随着人们线上生活的转移，社会矛盾与问题有了新的形态，媒体有必要为社会大众的发展诉求表达、精神文化生活、社会交往需要等提供传递通道、讨论空间、纾解平台，服务于人民福祉保障与增进。聚焦民生和民情，天津海河传媒中心广播电视主持人与区长在津云直播间一起带货的新闻扶贫模式，值得借鉴与效仿。该系列公益活动将直播带货扶贫与脱贫攻坚宣传结合为一体，创造了具有天津特色的"宣传＋帮扶"的独有模式。直播中将风土人情与产品文化融合得恰到好处，结合天津民俗，添加了相声、脱口秀、田园风、家宴范等不同形式，主题鲜明，特色突出，受到观众的热烈反响。创新的表现形式和现场编排都极大地打破了现有直播带货的固定模式，更加贴合年轻网友的喜好，将媒体民生服务落到了实处。

第二节 打造交互式沉浸式业态是媒体进军元宇宙的关键入口

近年来,数字经济为我国社会持续健康发展提供了强大动力,成为未来发展结构中的重要组成部分。与此同时,文化产业作为国家的战略性产业,也融入了数字经济发展的大潮中,文化与科技的进一步融合使数字文化产业得到了长足发展。作为数字前沿技术的聚合体,元宇宙创设了文化与科技融合的新空间,衍生出沉浸式交互式文化产业新业态,带动数字文化产业更上一层楼。可以说,打造以文化和科技融合为核心的交互式沉浸式业态是媒体行业加码元宇宙的关键渠道。

(一)文化与科技深度融合是发展交互式沉浸式业态的前提

"文化与科技融合"概念在 2000 年后受到学界广泛关注,并于 2010 年引起了中央层面的重视。2011 年,党的十七届六中全会提出要建设社会主义文化强国,审议通过了《中共中央关于深化文化体制改革 推动社会主义文化大发展大繁荣若干重大问题的决定》,强调要发挥文化和科技相互促进的作用。党的十八大报告中又明确指出"促进文化和科技融合,发展新型文化业态,提高文化产业规模化、集约化、专业化水平"。在党中央对文化强国建设的高度重视下,文化与科技融合被赋予了更多的历史使命,"十四五"规划纲要中明确部署了"实施文化产业数字化战略，加快发展新型文化企业、文化业态、文化消费模式，壮大数字创意、网络视听、数字出版、数字娱乐、线上演播等产业"[1]。元宇宙是数字经济发展的未来形态与重要载体，将催生众多新的文化消费形态，加深文化产业数字化程度。乘着数字文明建设的东风，元宇宙已经成为新的时代风尚，大步领航"文化+科技"迈向新高度。

表5 文化与科技融合的相关政策

时间	政策文件
2011年10月	《中共中央关于深化文化体制改革 推动社会主义文化大发展大繁荣若干重大问题的决定》
2012年2月	《文化部"十二五"时期文化产业倍增计划》
2012年5月	《文化部"十二五"时期文化改革发展规划》
2012年8月	《国家文化科技创新工程纲要》
2012年9月	《文化部"十二五"文化科技发展规划》
2013年1月	《文化部"十二五"时期公共文化服务体系建设实施纲要》
2014年2月	《国务院关于推进文化创意和设计服务与相关产业融合发展的若干意见》
2014年7月	《国家文化科技创新工程西部行动方案》
2016年5月	《国家创新驱动发展战略纲要》
2017年4月	《文化部关于推动数字文化产业创新发展的指导意见》
2017年5月	《文化部"十三五"时期文化科技创新规划》
2018年3月	《国家文化和科技融合示范基地认定管理办法（试行）》
2019年3月	《超高清视频产业发展行动计划（2019—2022年）》

[1] 中国政府网.中华人民共和国国民经济和社会发展第十四个五年规划和2035年远景目标纲要［EB/OL］.http://www.gov.cn/xinwen/2021—03/13/content_5592681.htm.

续表

时间	政策文件
2019年4月	《公共数字文化工程融合创新发展实施方案》
2019年8月	《关于促进文化和科技深度融合的指导意见》
2020年5月	《关于做好国家文化大数据体系建设工作的通知》
2020年11月	《文化和旅游部关于推动数字文化产业高质量发展的意见》
2021年6月	《"十四五"文化和旅游科技创新规划》

1. 文化与科技融合是文化强国和数字经济发展战略的一部分

在数字经济提速发展的同时，党的十九届五中全会明确提出了到 2035 年建成文化强国的远景目标，并提出实施文化产业数字化战略。文化数字化是文化与科技融合的重要标志，也是数字经济和文化强国的交叉领域，表明了文化与科技融合的两面性与双重价值。文化数字化一方面聚焦文化强国战略，以科技为重要支撑，寻求传统文化的保护与传承方式，开辟更多的文化消费场景，加速我国悠久历史文化资源形成的巨大文化势能向动能转化，延长文化产业链条，加速文化产业的虚实重构；另一方面关注文化科技的数字经济价值，兼顾供给侧与需求侧，既有从"超高清视频产业、大数据体系建设"等垂类产业上的考量，又有对"国家文化和科技融合示范基地、小微文化企业"等不同类型企业的关照，可以说，从个体企业到整体行业、从细分市场到全产业链都做了详细布局和规划。文化逐渐转向以科技为载体，赋能实体经济，成为推动社会经济发展的重要引擎。可见，"文化＋科技"是文化强国和数字经济发展战略的共同指向，背靠雄厚的政策基础与强劲的驱动力，文化与科技的深度融合必然是大势所趋。

2.文化与科技融合推动数字文化产业新业态实现"再升级"

数字文化产业是文化与科技汇合催生的新业态，以文化创意内容和数字技术为动力，是培育新供给、促进新消费的新兴产业。早在2017年4月，国家文化部便发布了《关于推动数字文化产业创新发展的指导意见》，明确了数字文化产业的发展内涵与核心内容，并在整体规划上提出了优化数字文化产业供给结构、促进优秀文化资源数字化、与相关产业融合发展、扩大和引导数字文化消费需求四个主要发展方向，同时对动漫、游戏、网络文化、数字文化装备、数字艺术展示等主要产业领域进行了重点布局和引导。❶ 同年，我国数字文化产业总产值便超过了3万亿元。2020年，文化科技融合的进程因新冠肺炎疫情的原因而加快，众多依托实体场景的文化企业出于自救转战互联网，使得原本就在快速发展的数字文化产业规模提升，范围扩大，效益显著。11月，文化和旅游部又发布《关于推动数字文化产业高质量发展的意见》，从政策层面明确了数字文化产业下一步的发展目标、思路和主要任务，包括突出"创新"在产业发展中的核心地位，提出推动线上线下消费融合的重要理念，同时，促进文化数据资源融通融合，支持文化企业平台化拓展等。❷ 随着"IP""内容""数据"注入元宇宙新空间与场景，数字文化产业将迎来新一轮的升级，在全民共创共享的理念下，文化产品的供给将提质增效，在数字空间与线下场景多样融合的消费示范下，不同的文化消费理念、偏好和

---

❶ 中国政府网.文化部关于推动数字文化产业创新发展的指导意见［EB/OL］.http://www.gov.cn/gongbao/content/2017/content_5230291.htm.

❷ 中国政府网.文化和旅游部关于推动数字文化产业高质量发展的意见［EB/OL］.http://www.gov.cn/zhengce/zhengceku/2020—11/27/content_5565316.htm.

习惯都能更好地得到向善引领，提升文化消费的水平、格调和温度。

3. 沉浸式、交互式技术是数字文化产业的支撑性要素

交互式沉浸式技术是指增强现实、虚拟现实和混合现实技术模拟真实环境，调动人类五感，使人产生沉浸感的技术。近十年来，沉浸式、交互式技术已成为数字文化产业的支撑性要素，其本身的游戏属性与文化内容的故事性相结合，生长出沉浸式展览、沉浸式演出、沉浸式娱乐、沉浸式旅游等新业态，并渗透到餐饮、时尚等产业领域内，衍生出体验式餐厅、快闪店等模式，赋予了传统产业"文化+科技"的新面貌。2021年3月，国家发改委等28部门联合发布《加快培育新型消费实施方案》，提出加快文化产业和旅游产业数字化转型，积极发展演播、数字艺术、沉浸式体验等新业态。[1] 同年6月，文化和旅游部公布了《"十四五"文化和旅游发展规划》，在健全现代文化产业体系的部分特别强调了要在"十四五"期间完成"100个沉浸式体验项目"的目标[2]，并在随后发布的《"十四五"文化产业发展规划》对"100个沉浸式体验项目"作了进一步的规范和描述，提出支持文化文物单位、景区景点、主题公园、园区街区等运用文化资源开发100个以上沉浸式体验项目，鼓励沉浸式体验与城市综合体、公共空间、旅游景区等相结合。[3] 由此可见，交互式沉浸式业态成

---

[1] 中国政府网．关于印发《加快培育新型消费实施方案》的通知［EB/OL］．http://www.gov.cn/zhengce/zhengceku/2021—03/25/content_5595689.htm．

[2] 中华人民共和国文化和旅游部．文化和旅游部发布《"十四五"文化和旅游发展规划》［EB/OL］．https://zwgk.mct.gov.cn/zfxxgkml/zcfg/zcjd/202106/t20210604_925006.html．

[3] 中华人民共和国文化和旅游部．文化和旅游部发布《"十四五"文化产业发展规划》［EB/OL］．https://zwgk.mct.gov.cn/zfxxgkml/zcfg/zcjd/202106/t20210607_925031.html．

为数字文化产业的重点业态。随着元宇宙数字基础设施的加速优化，依托相关技术发展起来的交互式沉浸式业态也将迎来进一步的升级，催生出更多元丰富的产品、服务乃至产业类别。

4. 中央广播电视总台将推出《你好！火星》交互式沉浸式科学艺术展

在总台"思想＋艺术＋技术"的创作理念和"5G+4K/8K+AI"的战略指导下，《你好！火星》交互式沉浸式科学艺术展首展拟落地北京751文创园区内地标性建筑79罐。其联合项目组充分利用社教节目中心《你好！火星》纪录片优质内容、技术局IMR实验室独家数字资产，将时下最热门的航天主题与媒体影视元素融合，使火星展在内容规划上兼具艺术性、科学性和独特的媒体属性，致力于提供线上线下交互体验、角色交互体验、游戏交互体验、情景交互体验等多种服务。

展厅空间设计采用环形偏心圆的理念进行布局，将罐体本身

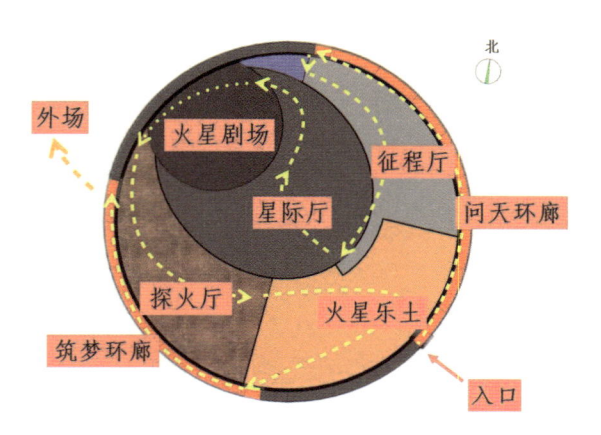

火星展空间示意图（来源：中央广播电视总台）

打造成了一件空间艺术作品。火星展空间可分为室内场和室外场两部分。室内场共七个板块（暂名）："序章·问天环廊""体验·征程厅""奇观·星际厅""沉浸·火星剧场""互动·探火厅""畅享·火星乐土"和"尾声·筑梦环廊"；室外场设多个打卡点，包括在场馆入口处设置的裸眼3D大屏，共同打造数字文旅新地标。为保证展览视觉元素的统一性，在整体视觉设计上，项目组与中国流行色协会以纪录片中呈现出火星独有的清晨、正午、傍晚为创意原点，提炼形成以"火星红"为核心色的系列色彩。此外，项目组还与新媒体艺术家共同发挥创意，选取纪录片中重点科普的"祝融号"火星车为原型，在技术局创作的"祝融号"三维模型基础上进行抽象简化，形成展览专属logo，结合"火星红"系列色彩，共同打造火星展独家视觉标识。

（二）元宇宙助力媒体交互式沉浸式业态发展

元宇宙将带来文化终端革命与消费升级，是文化与科技的交汇点，更是发展交互式沉浸式业态的重要依托。腾讯研究院发布的《文化科技融合2021迈向数字文化经济时代》报告将数字文化经济的特点概括为文化的要素化生产、创意的工业化转化、消费的沉浸化重塑和文化的价值化引领四个方面。[1] 这一划分视角也为元宇宙如何助力媒体业态的创新提供了宝贵思路。

---

[1] 腾讯研究院.《文化科技融合2021迈向数字文化经济时代》报告重磅发布［EB/OL］.https://mp.weixin.qq.com/s/MDLEfM1Bx5FRcD0S_7x9Zg.

数字文化经济的特点（来源：腾讯研究院）

1. 元宇宙推动文化供给侧改革

文化要素化是数字文化经济最为显著的特征，即将数字化手段融入文化资源之中，再将其转化为数据资产，从而构成可以深入到各行各业中去的生产要素。元宇宙生产力的升级将会使"文化+"成为更多行业的标配，进而突破文化产业壁垒，实现文化要素对实体经济的赋能，打造文化资源—文化要素转化—实体产业融合的产业链条。

当前，文化要素化主要有"文化IP+""文化内容+""文化数据+"三种转化路径。首先，IP化的文化要素已经成为数字经济时代的主流形态，既包括原创性的数字内容IP，也包括将文化资源进行数字化改造后的新内容IP。"IP+"的理念已经渗透到相关实体产业，如文旅、商圈等，延长了IP的产业链条，也提升了实体产业的附加值。其次，带有文化创意内容的文化要素也是数字文化产业的重要支柱，是泛产业链接的基础及营销和带货的新工具。文化内容的价值在于其具备强大的情感联动能力，通过引发粉丝深度共鸣，将文化内容自然嵌入到实体空间或其他经济形式的手段，从而形成情感的高度认同与共振。

最后，文化资源的激活能为泛文化产业提供深厚的数据资产。2020年5月，《关于做好国家文化大数据体系建设工作的通知》正式发布，部署建设中国文化遗产标本库、中华民族文化基因库和中华文化素材库。[1] 文化数据资产库的创立正是把数据当作文化的新生产要素，通过推动文化数据的规模化产出，完成文化与数据的转换和整合，从而带来新业态、新产业、新模式，拓宽新经济的范畴。无论是对IP的转化，还是内容的创新与数据的整合，元宇宙都在以新的空间场景助力文化供给侧改革，培育新的文化经济增长点。

2. 元宇宙赋能内容生产工业化

在人工智能和大数据等新型基础设施的核心驱动下，创意内容生产开始走向工业化。一方面，平台借助算法和数据向用户喜好迁移，完成精准分发，像音乐、资讯、短视频等平台型内容领域对算法推荐的应用较为普遍。针对万千音乐品位的差异化需求，QQ音乐自研了一种可以预测音乐是否动听且容易走红的推歌技术——Predictive Model（PDM）技术，设计了PDMTransformer算法，能精准识别不同的音乐片段，匹配海量受众的音乐喜好，让小众歌曲不再被埋没，因打造出众多爆款歌曲，这一技术也被称为"热歌孵化器"。另一方面，元宇宙

---

[1] 人民日报文创. 中央最新政策：国家文化大数据体系，文化产业新基建[EB/OL]. https://baijiahao.baidu.com/s?id=1668144636995881452&wfr=spider&for=pc.

2023年，国家京剧院打出"5G京剧元宇宙"的响亮口号，经典传统大戏《龙凤呈祥》在5G、4K和VR的加持下，融入了云包厢、云呐喊、云打赏等多种实时交互模式，使京剧焕发出新的生机。作为京剧国家队和文艺排头兵，国家京剧院以优秀的国粹资源为依托，充分挖掘了中华戏曲文化的融媒潜质。在咪咕公司的助力下，这次改革远不止手段创新那么简单，旗下开发的数智人尤子希化身京剧一角，亮相开播仪式，赋予了观众对京剧元宇宙的无限想象。此外，咪咕还推出不同类型的电子门票，定制了丰富的周边产品，带动了传统文化的云端复兴。

《龙凤呈祥》线上演播（来源：网络）

技术的产业化应用，推动了内容生产数智化升级。比如腾讯影业智慧影视团队提出一套从智慧制片、智慧拍摄到智慧后期和智慧播映全流程解决方案，不断攻克5G跨国传输、云剪辑、AI剪辑等难题，最大限度地发挥腾讯科技实力对影视生产的帮扶作用，将科技化作为影视工业化的切入点，走出一条特色的影视全面数字化道路。元宇宙将加速创意的工业化转型，推动内容生产的规模化发展，尤其是在AI的赋能下，不仅可以在内容环节增添创意源泉，还能解决结构化数据存储、呈现形式创新等问题，推动文化内容生产向自动化、规范化、智能化和可持续化发展。

3. 元宇宙拓展沉浸式文化消费空间

在元宇宙世界中，叙事方式从物理叙事转变为技术叙事，由技术建构的技术美学与故事美学正在创造新的消费体验。当前，在"元宇宙热"的冲击下，VR线下体验成为年轻人的新潮选择，当前，体验店主要聚焦游戏和观影两个板块，在VR设备逐渐完善和内容日益丰富的情况下，VR娱乐体验对传统体验形式造成了不小的冲击。根据市场分析机构Greenlight Insights发布的VR线下市场调查报告，全球范围内，2023年VR线下娱乐的场馆数量超24500个。

这种体验的升级来自二维空间向三维空间的过渡，人们逐步由"在线"想象转为拥有"在场"感知，在现实的虚拟化和虚拟的真实化两个层次中跳跃回旋，感受更新鲜的消费模式。一方面，现实世界向元宇宙迁徙，比如在游戏或云端等虚拟环境中复刻和还原1:1的现实画面,感受逼真的社会生产生活方式。同时,数字化生存也会在元宇宙的影响下成为个体主流的存在形态,人体终端的数据化、人机交互、虚拟社交的发展都让虚拟世界有望成为另一个现实世界。另一方面,元宇宙增强线下体验。多感官的打通与融合带来身临其境的真实感,4K/8K/12K高清晰度的屏幕呈现也会改变人们对场景的感知力。总之,元宇宙以虚实交互与融合的形式,不断延伸文化消费的空间,推动沉浸式体验和情感进一步升级。

4. 元宇宙提供文化价值引领新场域

文化的不断出新在于满足人民日益增长的精神文化需求,因此文化秉承的是向善向好的正面导向作用。目前,在纷繁复杂的互联网络空间中,中华优秀传统文化、革命文化和社会主义先进文化依旧扮演着洗涤心灵、净化网络生态的重要角色。随着文化与科技的融合,文化阵地转向元宇宙,文化的技术基因愈加浓厚,这时,更需要释放文化的价值理性,中和工具理性中的偏颇之处,从而促进文化消费水平、格调和温度的提升,促进交互式沉浸式业态的良性发展。

(三)元宇宙交互式沉浸式新业态拓展媒体行动新机遇

数字经济时代,随着人工智能、VR、AR、5G和物联网等体验技术的成熟发展,文化消费将进一步迎来从"在线"到"到场"的升级和拓展。这种虚实共生的消费感知新业态,将带来全新的行业应用和社交场景。媒体作为文化和科技实践的先行者，应该在交互式沉浸式新业态中大展拳脚，发挥媒体多重优势，重上主跑道。

1. 发挥媒体市场引领力，定期发布交互式沉浸式研究成果

建设短视频和交互式沉浸式全国统一大市场是发挥媒体市场引领力的重要一环，也是一项涉及面广、影响深远的工作。必须围绕短视频和交互式沉浸式市场主体关心的痛点问题和制度建设的难点问题，统筹把握好两组关系，以科学的方法推动建设短视频和交互式沉浸式全国统一大市场，把各项举措落到实处，在此基础上获得实质性的进展。与此同时，媒体要主动回应社会关切，定期发布产业、市场的相关动态成果。

（1）引领建立短视频和交互式沉浸式全国统一大市场

媒体在市场中扮演着重要的角色，在未来沉浸式业态的发展过程中，媒体应主动发挥其引导作用，引领建立短视频与交互式沉浸式的全国统一大市场。具体包括以下几点。一是统一的市场规则。短视频和交互式沉浸式全国统一大市场要求具备统一的产权保护、市场准入、公平竞争和社会信用制度，为短视频和交互式沉浸式市场运行奠定坚实基础。二是统一的流通体系。国内循环和国际循环都离不开高效的现代流通体系。统一的流通体系是提高短视频和交互式沉浸式业态运行效率的有力保障。短视频和交互式沉浸式全国统一大市场要求流通体系具备软硬两个方面的统一性。硬件方面，重点是交易平台等流通基础设施互联互通。软件方面，主要是不同区域和不同内容之间流通体系的衔接畅通，跨区域、跨类型流通平台有效对接，以及服务质量、管理水平的持续提升。三是统一的要素配置。短视频和交互式沉浸式全国统一大市场要求打造统一的要素和资源市场。实现区域间、行业间生产要素的统一高效配置。四是统一的服务市场。短视频和交互式沉浸式全国统一大市场的服务市场要求实现更高水平的统一。五是统一的市场监管。短视频和交互式沉浸式全国统一大市场要求形成统一的监管格局，提升协同监管能力，逐步提升跨行业跨区域流通水平。

（2）定期发布交互式沉浸式阶段性研究成果

元宇宙作为一个新兴事物，学界和业界都给予了较多的关注。未来，随着元宇宙中交互式沉浸式业态的蓬勃发展，学界和业界都应该及时发布相关的行业信息，回应社会关切，不断形成产学研一体化的交互式沉浸式业态体系。交互式沉浸式产业是满足"人类对美好生活需求"的业态，是复兴中华文明的重要契机。因此，各大主流媒体对交互式沉浸式要有阶段性定期的研究成果发布，比如可联合或委托高校、科研院所、交互式沉浸式行业机构进行阶段性研究并定期发布成果，持续聚焦交互式沉浸式发展动态，打造行业风向标，引领推动交互式沉浸式又好又快发展。

2. 发挥媒体传播优势，创新交互式沉浸式商业模式

（1）搭建以数字文化体验园为载体的综合性商业模式

随着数字技术的规模化提速，数字文化体验园成为当前发展交互式沉浸式业态的主要载体。在数字文化体验园这一核心空间场景中，可以连接多方资源，结合多种业态，打造综合性的商业

模式，包括门票销售、版权开发、品牌合作、衍生品销售、电商平台、研学收入和新媒体平台运营收入等形式。

依托 VR、AR、MR、人工智能、裸眼 3D、5D、体感技术等技术，融合装置艺术、多媒体艺术，以城市特色文化为内涵，集科学、文化、娱乐于一体是数字文化体验园的主要特点。数字文化体验园所拥有的商业潜力，更多地在于背后的版权资源，比如园区所在地的特色文化、产业以及我国的优秀传统文化，从而以 IP 孵化品牌，形成故事 IP、形象 IP、品牌 IP 和产品 IP 四合一项目。

此外，在文化体验园内打造衍生品商场和 IP 主题餐饮，将"内容＋新媒体＋网红＋电商"的产业链条纳入园区运营，也是可行的。比如，将故事 IP 改编成系列真人微电影或者系列动画微电影，通过直播或链接电商平台的方式销售体验园内的 IP 衍生品，打造文创电商平台。同时，在园区内引入短视频、电商产业，吸引相关企业集聚，开展企业或 IP 孵化项目，园区主体与有关投资方可通过投资入园企业的股权获利。另外，数字文化体验园是城市文化与科技的结合，为此开展面向中小学生的研学活动也是园区收入渠道之一，可以设置文化模块的研学和"数字技术与人工智能"模块的研学。园区也可以联合高校优秀的教育资源开展线上科普类课程的录制，并通过新媒体平台对课程进行售卖。

（2）创设"联合甲方＋共同甲方"的商业模式

交互式沉浸式是一种必须做模块化应用的综合技术体系，任何一个企业都无法独立发展交互式沉浸式。好的商业模式是联合甲方、利益分成模式，而不是甲方乙方、一锤子买卖的泥水匠模式；其次，只有"一鱼永吃"和"一鱼多吃"才能实现可持续性、

《中国国家地理》杂志在淄博开办的互动体验馆，便是撷取了IP的红利，通过深度挖掘、梳理淄博自然、人文资源，结合当前最前沿的多媒体声光电及互动场景支持技术，以创意互动、数字沉浸体验等高科技方式展现了淄博之美。同时，以齐长城、姜子牙，以及诞生于此的中国第一部农书《齐民要术》等资源作为代表性亮点，融进11项沉浸交互体验，例如，设置了巨型数字花丛，游客可在此寻找《齐民要术》里的植物；在互动翻版上了解植物王国的趣味科普知识，感受植物之美；还将《孔子闻韶图》转换成动态、可触发的体感交互，当游客触摸孔子周围的人物，流光浮动中琴、瑟、笙会渐渐出现，奏响由三组乐章构成的《风·雅·颂》组曲。这些沉浸交互场景的布置与体验的设计极大地提升了观众的参与度，获得了消费者的认可，同时也开拓出新的盈利手段。

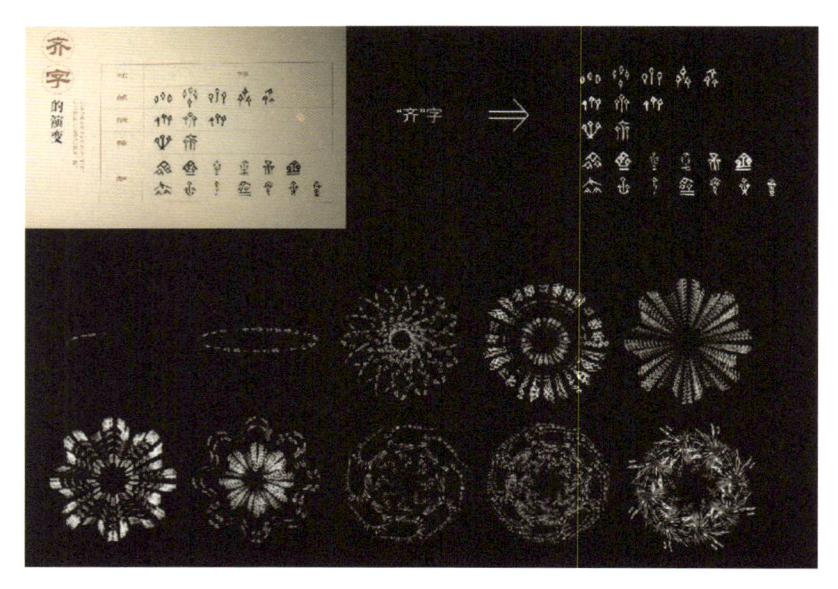

地理文化互动体验馆中关于"齐"字的演变（来源：网络）

具有积累型的高附加价值。因此，主流媒体可以借助自己的传播优势，联合甲方负责传播，孵化企业上市进行业务分成，设计"联合甲方+共同甲方"的商业模式。

首先，联合甲方。以IP相关的业务结构为例，故事创作方、形象IP设计方、投资方、平台运营方、衍生品开发方等各方合作，将IP做成"一鱼永吃"和"一鱼多吃"。其次，垂直开发。线上内容传播、粉丝和游客多次开发；线下内容体验、文创电商一体化等。再次，利益分成。不是甲方委托乙方提供一次性服务，获得一次性收入，而是多个甲方共享利益。最后，组合上市。由于每个IP都能独立拥有品牌，从而避免同质化竞争。因此，分别拥有一个IP的企业组合起来就可以上市。

具体而言，内容创作、设备提供、衍生品、研学和运营各方都可以成为联合甲方或者是共同甲方，采用收入分成模式；项目可复制，可初步形成营业收入规模；线上做IP内容延展，特别是IP元宇宙和衍生品品牌传播和游客的多次开发；联动文旅、品牌活动、商业赞助等，并不断带动产业链的延伸。基于以上的商业模式，预计每个项目系列及项目复制的综合收入都可以支撑三个主板上市公司。

3. 发挥媒体内容优势，加强交互式沉浸式内容创新

互联网时代，数字文化作品在自身领域内积累追随者，形成IP，沉淀流量，进而在其他市场领域内实现跨界的释放。例如，网络文学，最初在文学领域积累了大批的拥趸，而后进行影视化改编，将前期积累的用户沉淀为粉丝，产生规模化的消费力量。

再如，偶像产业，偶像依靠粉丝的追随形成，随后在电视电影领域实现跨界增值。

随着元宇宙中沉浸式技术的进化，挖掘优质资源，寻找风格契合的 IP，为未来媒体发展拓展了新通道。我国海量的文学作品和丰富的影视资源能够持续为元宇宙提供海量的 IP，大量优质资源覆盖科幻作品、玄幻作品、古风作品等内容。主流媒体也可以把多年积累的新闻资料，经过 NFT 确权，变成数字资产创新盈利模式，或者做成数字展厅、互动游戏等在元宇宙展示，丰富虚拟空间的内容。

由英国戏剧团队 Punchdrunk 和上海文广演艺集团联合制作的《不眠之夜》改编自莎士比亚的经典作品《麦克白》，这部浸入式剧目打破了传统的戏剧观赏形式，观众可以跟随演员穿梭在不同的房间，自由地探索与选择想看什么，每位观众都能享受独一无二的体验。《不眠之夜》的成功见证了沉浸式产业的狂飙突进，其在版权方面的开发与利用对媒体创新内容生产颇有裨益。在沉浸边界的拓展下，依托国际化的内容创作团队，《不眠之夜》打破传统的舞台形式，不断向外延伸，孵化出沉浸式派对、节日卡巴莱等特别活动；通过"白日梦沙龙"及"抖音戏剧节"直播开启了线上演艺新征程；与天猫共同打造了沉浸式带货直播间，玩出演艺新花样。2021 年，《不眠之夜》又联合广州太古汇打造出沉浸式话剧《十号礼铺》，与华伦天奴、古驰等奢侈品牌举办了浸入式秀场和珠宝展。今年，《不眠之夜》又打出新王牌，首款《不眠之夜》NFT 数字典藏纪念票盲盒上线猫眼数字藏品专区，线上线下联动发售。多年的 IP 数字化探索，诠释了"演艺 +"跨界破

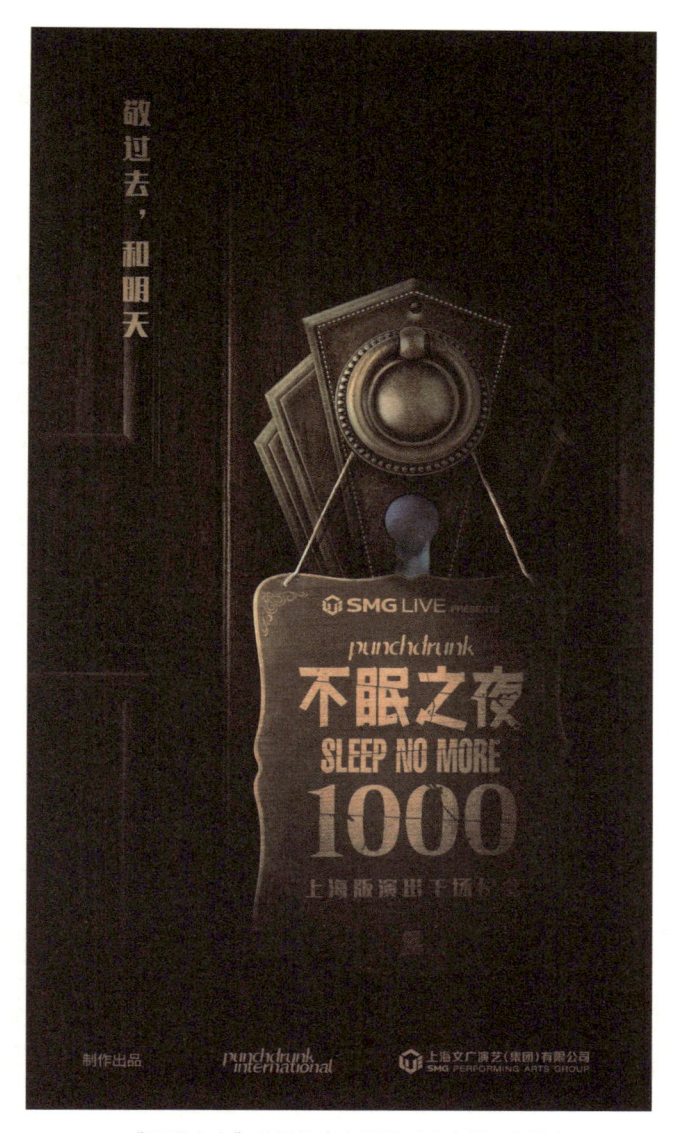

《不眠之夜》千场纪念直播派对（来源：网络）

圈的新思路，也让版权内容换上各具特色的外衣，不断增值发光。

交互沉浸产业发展迅速，但仍未脱离高质量内容这一核心取向，在未来元宇宙语境中，媒体更要注重内容的高质量生产，注重个性化互动叙事，巧妙地融合戏剧、游戏、新媒体艺术等元素。在各种视觉呈现技术及体验技术的支撑下，实现前沿技术与文化消费的融合，不断书写元宇宙时代媒体发展的新篇章。

第五章 社会与媒介深度融合

元宇宙掀起的时代浪潮让我们看到了人类想象建构另一个宇宙的极大热情。人类所追逐和向往的,既补偿现实世界不足的一面,也放大现实世界向好的一面。在元宇宙所代表的新一代社会形态中,社会不仅深度媒介化,媒介也走向深度融合化。总结来说,在元宇宙"新未来",万物皆媒,媒融万物,社会与媒介深度交互与融合。

第一节　元宇宙驱动跨行业、跨媒介深度融合

在元宇宙的大背景下去谈媒体融合，可以发现，当前媒体不仅是跨媒介的融合，而且还将表现为跨时空、跨物理屏障、跨主体身份、跨功能等更深层次的整体相融。与此同时，媒体融合也逐渐突破自我边界，走向跨媒体、跨行业的融合。这一趋势总结来说，就是元宇宙以媒体为基线，拉开整个社会的融合序幕，社会在媒体渗透中走向深度媒介化，媒介在社会参与中走向深度融合化。

（一）元宇宙是深度媒介化社会的集中表现

随着数字前沿技术的应用与落地，社会的"媒介化"进程随之成为整个社会发展的潮流。"所谓'媒介化'，指的就是由于媒介影响的增长，社会方方面面和各行各业发生了按照传播逻辑重组的全新变化。"[1] 媒介参与人们社会生产生活的各个角落与环节，下沉为整个社会的基础设施，媒介逻辑、媒介机制、媒介模式成为社会运行的重要基准。社会与媒介的深度融合，催生了"媒介化"的高级阶段，即"深度媒介化"，这是媒介网络化联结程度进一步加深的表现。从这一层面看，元宇宙是各种技术发展到一定阶段的产物，其中，技术升级与媒介变迁高度耦合，二者共同孕育着下一代社会形态，因此，"元宇宙本身就是深度媒

---

[1] 喻国明.元宇宙就是人类社会的深度"媒介化"[J].新闻爱好者,2022(05):4—6.

介化的实践"[1]。从更宏观的视角来看,"媒介化"如何完成向"深度媒介化"的转变,以及元宇宙如何践行和表现着深度媒介化,已经演变成为一个公共议题。

1. 从"媒介化"到"深度媒介化"

"深度媒介化"具有与"媒介化"完全不同的范式,不仅体现在媒介构造社会程度的加深,还表现在以数字元媒介为代表的"新"媒介正在重构整个社会关系,改变社会的基本形态。因为相比于传统的分散的媒介,"数字媒介以重新连接一切的方式,成为社会结构化中更基础性的建构力量"[2]。在这个意义上,得益于人工智能、物联网、云计算等技术促成的万物互联,数字媒介的关系聚拢特质更强,这也构成了"深度媒介化"社会下的媒介规则与模式。一言以蔽之,如果说"媒介化"是裂变的媒介渗透社会的表现,那么"深度媒介化"便是媒介以聚合的力量全方位打通和连接整个社会。具体来说,"深度媒介化"主要作用于个体和社会两个层面,即个体在深度媒介化中生存,社会在深度媒介化中前行。

(1) 个体在深度媒介化中生存

从终端的使用来看,人与媒介的关系始终需要一个载体——界面,从平面到立体,甚至以后会出现"无屏时代",这一系列界面屏幕的升维,本质上是以更便捷、更隐性的方式强化人对媒介的依赖。进一步讲,个体的媒介化还体现在媒介延伸的触角从

---

[1] 陈昌凤.元宇宙:深度媒介化的实践[J].现代出版,2022(02):19—30.
[2] 喻国明,杨雅等.元宇宙与未来媒介[M].北京:人民邮电出版社,2022:134.

外向内拓展。前技术时期，媒介延伸处于模拟身体阶段，通过外化的器物延伸身体的功能，媒介与人体呈分离状态。数字技术时期，媒介延伸不再满足于将传播的权力交付或委托给外力，而是开发人体的可能，"为每个人'计算'出由数据/信息构成的可被高度解析的'数据躯体'"[1]，将人转化为媒介传递信息。这时媒介与人合二为一，人类主体感知和行为的数据化构成"再造身体"的基础，人和媒介之间的羁绊变得更深，此时，延续媒介就是延续人类本身。迈入元宇宙后，人对媒介产品和媒介平台会愈加迷恋，从而不断放宽媒介参与人类衣食住行等各个方面的条件，允许媒介打造出一个永远在线的"链接的自我"。

（2）社会的深度媒介化变革

社会关系、实践和秩序正在深度媒介化的力量下产生新的形态。元宇宙开辟的虚实融合的空间环境，必然会重塑社会交往的主体和关系，从实体人延伸到非人的物体和环境，媒介"云交往"或"生活在元宇宙"成为社会关系重组和连接的主要形式。另外，元宇宙是去中心化的，有望颠覆以往由平台主导和垄断的社会局面，完成自组织管理与革新。在此基础上的社会秩序与实践将进一步由媒介化的个体掌控，决定社区包括社会的规则、机制等。此前提及的生活空间和生产力、生产关系的升级更是社会意义下的深度媒介化表现。总之，深度媒介化社会下的个体和社会不是完全被媒介操控的"提线木偶"，而是会最大限度地释放媒介的价值，"将媒介视为行动空间的开拓者，社会资源关联的节点、

---

[1] 喻国明,耿晓梦.元宇宙：媒介化社会的未来生态图景[J].新疆师范大学学报（哲学社会科学版）,2022,43（03）:110—118+2.

社会关系维系和再生产的平台"❶。基于此，媒介和社会一直处于动态交互的过程，媒介建构社会的同时，也会受到社会的牵制，而媒体和社会的深度融合也会越过诸多挑战和困境，在荆棘中走出一条良性的、可持续发展的路径。

2. 元宇宙标定深度媒介化社会的未来图景

元宇宙不仅是深度媒介化社会的集中表现，也是推动社会深度媒介化的动力机制，原因在于元宇宙标定了一幅深度媒介化的未来图景，或者说，元宇宙正在以自己的方式实践着深度媒介化。

（1）元宇宙是对数字化社会的再组织化

元宇宙为各项互联网技术的集聚提供了一种整合模式，旨在打造出一个全面有机融合的、充分连接的、高效智能的高级数字化社会。基于这一设想，元宇宙其实是在推进数字化社会的再组织化。之前，互联网的出现，将社会行动主体由组织机构降解为个体，激活了个体的创造力，形成了微粒社会。但是，由个体主导的社会形态下的网络是离散的，缺少集中化的力量。因此，互联网开启了由"上半场"向"下半场"的转型，将粗放式策略改为集约式策略，专注于社会连接广度、宽度和厚度的延伸，以新的增量对微粒社会进行再组织化重构。在智能算法推荐等手段的应用下，连接的效率和质量确实得到了改善，但整体上依旧处于相对离散和各自发展的状态。所以，新的再组织化任务落到了下一代数字媒介，也就是元宇宙的肩上。不同于以往的旧媒介，元

---

❶ 喻国明，杨雅等. 元宇宙与未来媒介 [M]. 北京：人民邮电出版社，2022：61.

宇宙的整合特性赋予了其完成这个使命的可能性，更准确地说，是完成在线化程度加深这一背景下的线上生活的重建与组织，以及推进整个现实世界与虚拟世界的联动。在深度媒介化的驱动下，元宇宙势必要再一次升级社会连接的各个维度，再造一个全新的数字化社会。

（2）元宇宙丰富的应用场景推动认知时代到体验时代的升级

在元宇宙未来传播视野下，社会将逐渐从认知型过渡到体验型，这是社会深度媒介化所带来的直接影响。所谓认知时代，指的是外界/第三方向人们提供筛选和整合过的资源信息，人感知和消化信息建立在"喂食"的基础之上。体验时代完全转向第一人称，人以切实的身体行走介入到整个世界中，以耳眼鼻舌身意六感感受和体会现实世界和虚拟世界的模样。因此，认知是一种复杂的加工过程，涉及认知资源的调配、使用与选择。体验是更直观的判断标准，"情绪的交流、情感的共振在信息传播、集体认同及注意力集聚过程中发挥着越发重要的作用"[1]。

因此，元宇宙所带来的体验是丰富多彩的，也是可观可触达的，尤其是可以借助虚拟3D等技术打造现实景深般的视觉变化和极致的视觉感受，让虚拟活动内容具体可感，带来深度沉浸和极致在场的观感体验，实现现实世界与虚拟世界的无障碍连接。体验升级的背后，也说明了对用户需求的重视，可以说，未来人们不是简单地"接入"元宇宙，而是"进入"元宇宙，与其融为一体，以具身拟真的姿态参与全感官的体验和互动，

---

[1] 喻国明，杨雅等. 元宇宙与未来媒介[M]. 北京：人民邮电出版社，2022：111.

青岛电视台推出的 2022 年跨年烟火秀正是元宇宙体验时代的重要表现，此次烟火秀是全国首次利用元宇宙数字孪生 AR 技术打造出来的。其中，青岛电视塔是现实存在的经典打卡点，其他画面则以虚拟的形式叠加到电视塔的上空。沉浸式的炫酷科技秀迅速在网络中刷屏，无论是网络观众，还是实地观看的市民，都能以第一视角感受科技创新的力量。此外，这次烟火秀还融入了鲸鱼、蛟龙、载人火箭发射及冬奥会标识等标志性中华元素，激起了观众的情感共鸣，进一步提升了烟火盛会的文化价值与魅力。

青岛电视台跨年烟火秀（来源：网络）

最大限度地发挥自主探索新世界的自由。

（二）元宇宙为深度媒介化社会更广泛的数字化融合提供新机遇

在社会深度媒介化的潮流下，元宇宙也促成了更广泛的数字化融合。随着媒介与社会生产生活紧密度的提高，媒介产业链、价值链泛化水平不断加强，供给侧的生产能力和传播能力也进一步扩大，由此媒体逐渐走出自己的舒适圈，与其他行业产生各种各样的联系。在数字化、智能化、场景化媒介应用愈加丰富的元宇宙时代，跨媒介、跨行业融合迎来新的契机。

1. 跨媒介、跨行业融合下的实践场景不断扩大
（1）媒体与演艺行业的融合让演出更沉浸

舞台演艺是文化产业的重要行业，通过与多媒体手段，以及影视技术、表演艺术、灯光技术、全息投影技术等科技的融合，舞台形式变得更丰富，用户不断增长的观感需求也得到了满足。一般来说，演艺产业的媒体特色主要表现为剧场演出、云上演出、互动影视三种类型。

剧场演出以实体舞台为基础，在传统演出中融合多媒体、虚拟现实、三维实景等高科技手段，打造沉浸感更强的视听体验与舞台互动。云上演出则去舞台化，主要通过5G、VR、全息成像等技术，配合声、光元素实现演出场景交互。

随着游戏要素的升级，"游戏化"为内容生产提供了新的表

2021年12月25日，全球首场"元宇宙交互时空·云演艺音乐盛典"亮相云端，激起乐坛盛会新浪潮。在这场演唱会中，咪咕汇采用了5G、4K超高清、MR、云端交互等行业前沿技术，推出AI粉丝少女橙络络，与观众一起为歌手打Call，营造出高度沉浸和逼真的虚拟交互体验。本届咪咕汇还以"爱在冰雪间"为主题，特别设置了"元宇宙冰雪派对"第二现场，以音乐致敬冰雪运动，实现现场与云端跨屏互动。另外，此次演唱会还推出咪咕音乐"5G趣现场"云包厢功能，观众可以一键创建志同道合的乐迷们的云包厢，一起听歌聊天。跨越时空的对话掀起演唱会一波波高潮，也让演艺舞台在科技感的输出下变得更沉浸。

咪咕汇盛典数智人橙络络（来源：咪咕）

现途径，像互动影视、互动短视频、互动综艺等内容形态的兴起，就是融入了"游戏化"的色彩与玩法。以互动影视为例，游戏对影视的渗透，已经触达到叙事、风格、技术创新，以及 IP、创作模式等诸多方面。2018 年底，Netflix 推出的《黑镜：潘达斯奈基》将公众对互动影视的想象化为现实，观众可以通过鼠标、触屏、遥控器控制剧情走向，每种选择都会带来不同的内容和结局。随后，国内也开启了互动影视的热潮，比如《他的微笑》以语音识别、人脸识别等体感互动为特色，《爱情公寓 5》则引入了弹幕互动。

相比传统影视，互动剧从技术和交互等方面都做了大胆的尝

《黑镜：潘达斯奈基》互动界面（来源：文汇报）

试，提出了"万物皆可互动"的深刻思考。这一模式的设置，不仅能满足用户的个性化需求，还能丰富影视剧的品类，倒逼影视行业不断创新突破。元宇宙时代，演艺业的故事叙述能力和沉浸性会更强，在融合虚拟现实、人工智能等技术的基础上，能更好地顺应新一代内容消费趋势，找到自身的定位，呈现更精彩的

演出。

（2）媒体与文旅行业的融合让出行更智慧

媒体是文旅产业发展的重要推手，媒体通过文化资源与媒介资源的共享，参与文旅内容的生产与传播。当前，媒体与文旅融合的形式主要有文旅综合体、VR小镇、云文旅。

文旅综合体是数据驱动下的文旅再造，场景由全息成像、VR、3D等技术打造，涉及智能问答、算法推荐等交互。扬州瘦西湖"二分明月"文旅集聚区主打"大型沉浸式国粹主题交互场景体验"，以"二分明月"为夜旅IP，推出夜游、夜娱、夜食、夜演、夜购、夜宿、夜健一体式文旅产品供给体系，将传统文化与现代科技完美融合，在光影交互式夜游中上演了一出出视觉盛宴。

以自然生态和产业生态为两驾马车的VR小镇，也是媒体技术融入文旅产业的新成果。VR小镇以VR技术研发、VR消费体验、VR内容制作、VR产权交易、VR投融资等全产业链的构建为核心，这不仅是黑科技的落地，更是一幅大产业生态的蓝图。在这个小镇里，人们可以完成休闲购物、娱乐、学习、工作、创业、投资等一系列现实生产生活行动，是"产、城、人、文"理念的深度融合。目前，位于合肥的VR小镇便是这一产业发展平台的代表，其总占地面积1508亩，在5G、VR、AR的技术创新下，VR小镇引领着国内虚拟现实产业的发展，更为媒体与文旅的结合提供了学习的样例。

云文旅已经在虚拟现实技术的赋能下成为现实，人们足不出户，也能游览海内外风景名胜，一饱眼福。谷歌此前推出的谷歌

扬州瘦西湖"二分明月"文旅集聚区（来源：中国旅游协会微信公众号）

地球模拟飞行器，以真实的三维场景还原了世界各地坐标和实景，还引入了驾驶员视角，人们可以通过鼠标或其他控制器，感受驾驶飞机的体验，选择想去的位置，视觉震撼十足。未来，虚拟文旅的模式不仅服务于线下，还会迁移至元宇宙，借助虚拟分身与渲染技术的进步，人们在元宇宙内就能完成多个景点的瞬间位移。

（3）媒体与会展行业的融合让展览更生动

媒体与会展业的交互主要表现在运用光、声、电等物理元素，使用现代数字多媒体技术、体感互动技术，打造沉浸式投影产品，将人机互动多媒体技术产品同传统展览展示手段相结合，让展览更具互动感。

类似的媒体赋能会展的案例数不胜数，例如，同年在上海举办的《国家地理·深蓝》海洋沉浸式体验互动展则通过3D复制了深海场景，以"海洋母亲"与观众对话的形式，启发人们对2050年上海的遐想。展览希望通过此种形式，让人们在海洋的魅力下能够敞开怀抱拥抱自然，激发人类对于海洋环保的意识。因此，媒体与会展行业的融合不仅在形式上有所创新，还能通过有效深入的互动，借助更生动的方式将某种价值观理念于无形中传达出来。

（4）媒体与教育行业的融合让教学更灵活

融媒教育具有激发灵感和探索自我的作用，搭建交互式沉浸式业态交流平台，能够促使中国的教育模式从传统的工业化、流水线教育模式，转向数字时代所必需的全新教育模式。例如，数字出版机构中文在线构造的元宇宙基教图书馆，创设了虚拟图书馆、虚拟教室、虚拟伴读教育、泛在学习四个板块，每个板块都

2020年9月在北京举办的"文物的时空漫游"数字体验展带领观众开启了一场中华文明探索之旅。展览共设置了五个"时空舱"，观众可以去往任意一个时空主题，在"天人相合"时空舱，可以了解青铜器背后的文化意涵，"有典有章"时空舱里的"你好，兵马俑"互动项目可以利用图像识别技术与观众展开跨时空的比对，观众上传自己照片后，系统可以自动识别与自己最像的兵马俑，并给出位置信息。"美善合一"时空舱让你挥一挥手就能弹出一曲《广陵散》。"翰墨文心"和"文以化之"时空舱让你徜徉在小溪流水间体验文人墨客的雅致，以及走在丝绸之路上了解敦煌的历史。可见，媒体手段与媒体创意在会展行业的融入，能让展品开口"说话"，让展览呈现出灵动的一面。

"文物的时空漫游"数字体验展（来源：网络）

能享受不同的教育体验。第一，用户通过设备进入虚拟图书馆后，可以真实触碰到每一本书、每一个角落，打开书之后，甚至可以进入书中提到的所有场景。第二，虚拟教室提供了不同的教学场景，以此服务于不同的教学内容与目标。第三，引入虚拟精灵作为学生学习的协助者，同时，精灵有智能意识，可以在学习以外给予学生其他的帮助。第四，泛在学习，利用信息技术，让学生可以在任何地方，随时使用手边可以取得的科技工具来学习。

总的来说，在媒体搭建的平台和场景中，沉浸式教育体验成为可能。首先，用户可以借助教学语音、图片、视频等资源实现跨空间的交互；其次，通过云计算、VR、AR、3D和多媒体技术还原可互动体验的行业场景，学生可以近距离地接受更具象的科普教育，如应急科普场馆、航海科普场馆和遨游星空科普场馆。当然，基于三维场景再现、虚拟现实技术以及人工智能技术，阅读中的场景交互也具有多种操作可能，包括将阅读文本内容再现、提供有声读书等。

2. 跨媒介、跨行业融合下的产业协作逐渐升级

（1）融合驱动下的产业链条逐渐完善

随着人工智能、VR、AR、MR、XR、5G通信和物联网等技术的发展成熟，数字化的虚拟世界将与真实世界深度融合。技术升级推动跨媒介、跨行业加速融合的同时，也初步构建了以沉浸式消费体验为主的产业链条。产业链上游为资源端，主要面向技术服务商、设备供应商、IP服务商等，提供剧本开发、空间设计、技术和设备供应等服务。中游为产品端，以VR体验馆、

密室逃脱、剧本杀、沉浸式互动体验展为核心的产品和服务日益丰富。下游为消费端，基于商业综合体和街区、景区、主题乐园、公共文化场馆等文旅场景，完成沉浸式体验的落地与变现。

- 上游：剧本开发、空间设计、技术支持、设备供应等要素供应
- 中游：VR体验馆、密室逃脱、剧本杀、沉浸式互动体验展等产品开发
- 下游：文商旅综合体、街区、景区、主题乐园、公共文化场馆等场景应用

上游 资源端	中游 产品端	下游 消费端
剧本开发	VR体验馆	文商旅综合体
空间设计	密室逃脱	街区
技术支持	剧本杀	景区
设备供应	互动体验展	主题公园

沉浸式娱乐产业链条（来源：封面新闻）

由于技术需要通过具体的内容载体与应用场景实现其价值，因此，基于沉浸交互技术带来的跨媒介、跨行业融合，依然需要聚焦于内容，重视跨界融合与综合创新，不断延伸以IP为核心的价值链条，逐步实现沉浸式媒体从线上娱乐消费向线下文化产业纵深发展，数字文化消费由"部分沉浸"向"到场体验"的深化。与此同时，产业链的升级也将拓宽盈利空间，带来丰富的变现模式。

（2）融合驱动下的产业业态复杂可控

通过跨界融合和使用多种技术进行复合，因地制宜地将沉浸式技术应用于不同场景，真正实现体验升级，已经成为产业协作的主流路径。例如，南京秦淮·戏院里集聚沉浸式实景娱乐、沉浸式古风市集、沉浸式主题街区、沉浸式酒店、沉浸式影院、沉浸式戏剧等多种沉浸业态于一身。以秦淮文化为基底，抽取典型元素作为代表性符号，再结合科技手段，形成奇幻的空间印象，实现了主题景观、演艺内容与商户业态的有机融合。总的来说，就是通过增强现实，塑造公共空间、人文景观等多种场景，构建多元复合的沉浸式业态。

广泛延伸的沉浸式业态，在媒体的作用下，不仅能实现文化和内容的丰收，还能得到有效的监督，确保复杂可控。在未来沉浸交互的元宇宙空间里，媒体不仅能够继续提供沉浸式的新闻体验、观点输出、产业渠道，还可以输出专业的内容制作能力，继续发掘用户生产内容。另外，在深度媒介化的逻辑下，全维度、全层次的跨媒介、跨行业融合也成为可能。更重要的是，在媒体的高度站位上，可以实时监督交互式沉浸式中的意识形态正确、安全，同时发挥媒体的舆论引导优势，巩固好信息传播阵地，守住安全和法律的红线。

第二节　元宇宙变局下个体的价值定位

元宇宙大变局不仅带来剧烈的行业变革，对微观的个体也产生了巨大的影响。在元宇宙中，个体的角色发生了变化，相对应的个体定位也发生了价值游移。其实，从个人的数字化，到个人的数字孪生；从虚拟人、"数字化身"再到硅基生命或"数字永生"，这些都是个人在元宇宙中可能存在的形式。这些不同形式只是个体在元宇宙中的外化表现，最终目的还是要实现个人的自由全面的发展，实现个体生命价值最大化。

在元宇宙中，每个个体都可以根据自我意识建构个性化的数字身份，以及在新的身份基础上进行创造性的活动。当然，这种放权背后也对个体角色的发展提出了新的要求，每个人都要不断顺应时代大潮，迎接新时代的机遇与挑战，助力元宇宙内容生态健康发展。

（一）元宇宙对个体角色的新要求

2021年，元宇宙概念火爆起来，本质上是对现实世界的虚拟化和数字化的过程，需要对内容生产、经济系统、用户体验及实体世界内容等进行大量改造，但有关元宇宙的操作路径、技术难题和伦理规范，仍然处于研究的起步阶段，需要持续的探索。这对于我们来说，既是挑战又是机遇，挑战性在于，元宇宙是无形的，很难靠感官接触。因此，对于个体来说，元宇宙仍然是一个较为遥远的概念。同时，元宇宙的衍生和发展又给我们带来新的机遇，我们都是元宇宙发展的见证者、参与者。无论如何，我们都应该抓住时代的机遇，做时代潮流的赶路人，努力开发新事物的潜在力量，做时代变量的挖掘者。

1. 做时代潮流的赶路人

（1）加强元宇宙热点与技术的学习与积累

作为人类科学技术革命的综合集成和新趋势，元宇宙已经激起千层波浪。目前，不仅各行各业开始卷入元宇宙发展的大潮中，政府也成为元宇宙基础设施建设的有力参与者，从宏观战略层面为元宇宙的发展定方向，这也进一步说明元宇宙在未来不是一个虚幻的概念，而是与我们每个人的生活都息息相关的。比如，我们可以在这个新的空间中建造自己的家园、探索元宇宙中的奥秘；可以在任何时间结识来自任何地域的人，不受时空的限制；还可以获得独一无二的数字化身、收藏虚拟土地等。这些活动拓展了个体交往的维度，也给人类带来全新的体验。2021年，美国斯坦福大学开设了一门完全在VR环境中上课的课程"Virtual People"。课堂场景囊括了虚拟博物馆、生活化的场景、地球上人烟稀少的角落（如火山口、海底暗礁）等，学生只要携带VR头戴式设备，就可以在任意地方远程上课。但是，这对新一代的学生群体也提出了一些新的要求，比如要掌握VR设备操作技能，提升云端学习的吸收消化能力等。

以上仅是学习层面的设想，面对这一大的时代变局，更多领域的重塑将进一步要求个体转换身份与角色，承担新的时代使命。因此，人类要不断加强元宇宙热点与技术的学习和积累，只有这

VR 课程"Virtual People"画面（来源：网络）

样才能顺应时代大势。元宇宙是一个不断进化、不断演进的概念，需要我们保持开放性的态度，对新技术和新热点保持热情，在不断的学习充电中，努力成为时代潮流的赶路人。

（2）在创作者经济的大潮下实现自我增值

创作者经济的勃兴反映了元宇宙参与式文化的繁荣，在此基础上，个体转换定位有了新的支撑环境，因为虚实世界资源共享为创作者经济的发展带来了新的活力。元宇宙所构建的虚拟世界中，每一个用户都可以参与内容生产，同时可以共享用户的创造性成果。用户参与创作的过程，不仅可以获得精神上的满足，同时还可以获得物质上的回报。

元宇宙中的"捏脸师"，即虚拟头像创作者，是元宇宙概念火爆下诞生的一种新型职业。由于元宇宙第二身份建立在虚拟头像的基础之上，多家互联网企业已明确表示要高薪聘请捏脸师，一些捏脸师的月收入甚至达到了 4.5 万元。这个职业的主要工作是通过 3D 建模人脸，实现商业变现，包括满足定制版捏脸需求。捏脸师首先要有扎实的美术功底，能够对人脸的立体明暗等特征进行美术专业层面的分析，其次要掌握熟练的 3D 建模技术，也需要掌握一定的美妆知识，以便更好地调整脸模的妆容，有时候也需要一定的心理学知识，帮助理解和呈现角色的表情和情绪。作为元宇宙第一批打工人，捏脸师炙手可热。当然，在元宇宙逐渐成熟的发展过程中，必然还会萌生更多的职业需求，重塑劳动市场的格局，帮助个体实现自我增值。

虚拟捏脸师创建的"MBTI"16 型人格虚拟人像（来源：澎湃新闻）

2.做时代变量的挖掘者

虚实相生是元宇宙的关键特征，体现在六个核心要素上，包括沉浸感、虚拟身份、数字资产、真实体验、虚实互联及完整社会系统。未来，元宇宙的发展路径包括两个方向：一是由实向虚，基于虚拟世界对于现实世界的模仿，通过构建沉浸式数字体验，增强现实生活的数字体验，强调实现真实体验的数字化。在移动互联网时代，主要通过文字、图片、视频等2D形式建立虚拟世界，而未来在元宇宙时代，真实物理世界将在虚拟世界实现数字化重造，建立完全虚拟化的平行世界。二是由虚向实，超脱对于现实世界的模仿，基于虚拟世界的自我创造，不但能够形成独立于现实世界的价值体系，还能够对现实世界产生影响，强调实现数字体验的真实化。如增强现实游戏《Pokemon Go》通过设置与品牌联动特定地点发放限量购物券的方式，帮助品牌方吸引消费者关注，实现数字体验对真实消费的带动。所以未来，如果要把握时代发展的脉搏，必然要顺应元宇宙中的发展路径，无论是由虚入实还是由实入虚，人类都是这个过程的重要媒介。

（二）以"思想+艺术+技术"理念为统领：未来媒体人的新使命

媒体是文化传播的重要力量。新的时代，我们不仅要充分挖掘中华优秀文化资源，向全国讲好我们自己的故事，我们也要向全世界讲好中国故事，传播好中华文化，扩大中华文化亲和力、影响力，这是中国媒体的历史使命和时代要求。

元宇宙为文艺创新提供了新的技术体系，在沉浸式、交互式的时代语境中，媒体人更应该充分发挥好自身的优势，灵活利用先进的技术对文化资源进行创作性开发，使其呈现形式更加智能多元，内容兼具深度和厚度。媒体人在进行作品创作时，要始终坚持以思想性为引领，生产出来的作品要有一定的思想厚度，同时充分利用作品生成技术、呈现技术及传播技术，最终呈现出兼顾思想性、艺术性和技术性的优秀作品，让带有中华优秀文化印记的作品传播得更远、更广、更深，让中国形象更加可信、可爱、可敬。

1. 强化思想引领，提升报道传播力、影响力

（1）建立时政快讯首发机制，抢占新媒体舆论阵地制高点

在元宇宙时代，人工智能技术及视觉呈现技术给传媒行业带来颠覆性的变革，新闻生产、分发效率显著提升。随着以 AI 技术为基础的新闻算法程序迭代，人工智能技术将继续深入覆盖新闻业的各个环节，实现智能化新闻生产、临场化新闻体验和精准化用户推送，全面渗透进用户的数字生活中。所以，主流媒体要想占据主流话语权，强化其思想引领的作用，就要充分拥抱这些新的技术，实现快速精准推送，走在舆论引导第一线。

例如，中央广播电视总台在头条工程报道中，不断强化"台网并重、先网后台、移动优先"理念，建立时政快讯首发机制，在央视新闻客户端、CGTN 新媒体第一时间首发首推习近平总书记参加重要活动、发表重要讲话、赴各地考察调研的时政报道和独家视频，快速抢占了新媒体舆论阵地的制高点。

（2）打造有温度、有深度、有厚度的品牌集群

媒体不仅要生产出有影响力的作品，还要注重品牌的建设，特别是具有思想和价值引领属性的主流媒体更是要注重产品品牌的打造。首先，媒体要及时回应社会关切，打造有温度的品牌集群。媒体的产品要及时关注社会动态，对于社会问题要有理性、及时的报道和传播。如央视新闻客户端《时政V观》《时政新闻眼》、央视网《天天学习》、央广网《习声回响》、国际在线《讲习所》等时政品牌，围绕习近平总书记考察调研、重要讲话，准确高效传播总书记的思想、声音，将领袖风范和为民情怀全方位立体式地展现给广大受众。其次，媒体要坚守专业主义，打造有内容深度的品牌集群。如中央广播电视总台突出思想引领，坚持精耕细作言论评论品牌。《央视快评》《联播+》《时政现场评》《主播说联播》等评论专栏或深刻阐释习近平总书记重要思想，或跟随总书记国内考察的脚步展开伴随式报道，及时有效地引领了社会舆论。最后，重视传统资源的挖掘，打造有厚度的品牌集群，充分挖掘传统文化资源，并加以创造性利用，有利于增添作品的文化厚重感。

2.硬核科技支撑，融合传播创新全新视听感受

元宇宙为媒体场景的多元化呈现提供了技术基础设施，主要以AR、VR、全息投影等数字技术为载体，融合数字技术、光影技术、文化内容创意、文化IP等打造沉浸式、互动式文化体验项目和服务，让视听节目的沉浸交互呈现成为可能，为观众带来全新的视听感受。例如，2022年江苏卫视春晚综合启用XR舞台虚

2021年7月1日，为了庆祝建党100周年，大型文艺演出节目《伟大征程》在中央广播电视总台播出，此次汇演使用了全球首创的"戏剧表演5G即时电影拍摄"技术，观众可以全景360度观看舞台表演，实现了5G对传统戏剧魔法般的赋能。另外，在中国移动咪咕公司5G边缘计算等技术的支持下，超高清视频素材被实时传输到大屏上，极大地降低了端到端的延迟。另外，实时调色处理，让屏幕画面表现出细腻的电影质感，给予观众身临其境的观看体验。这一节目创下自主研发高新技术应用最多、融合报道产品数量和传播数据最大、国际主流媒体采用时间最长、海外落地覆盖最广等多项新纪录，相关报道跨媒体总触达超112亿人次，成功上演了一场史诗级的视听盛宴，体现了科技与艺术的完美融合。

《伟大征程》文艺演出现场（来源：网络）

拟场景、360度自由视角、虚拟拍摄技术、绿背抠像合成等高精尖科技手段，为观众带来虚拟与现实无缝转换体验。

在未来，媒体的融合发展、节目的融合创新已经离不开数字技术的支持。因此，各大媒体要充分拥抱元宇宙所带来的技术支撑，不断推动作品内容的沉浸式、交互式呈现，为观众带来更多的视听新体验。

（1）夯实元宇宙技术基础，推动媒体内容高质量呈现

元宇宙具有虚实融合、去中心化、多元开放、持续演进等特点。伴随新技术的迭代升级和新应用的融合创新，"元宇宙"的内涵和外延将不断拓展延伸，媒体人要充分利用元宇宙的技术，将作品、产品与元宇宙的技术框架融合，不断推动内容的高质量呈现。例如，2022年北京冬奥会期间，北京新闻中心为解决新闻采集过程中遇到因疫情原因无法到达现场的情形，借助 Cloud ME 云端技术，打造实时全息直播的定制全息舱，在北京、上海等地设置4个直播点，活动嘉宾、采访对象等可以在直播点与北京新闻中心的媒体人员交流，人像和声音实时沉浸式直播，形成多地之间的全息互联，内容呈现超越了时空的限制，不断满足了观众的视听期待。

（2）打造精品力作，融媒书写新时代"丹青画卷"

元宇宙颠覆了以往文艺作品的呈现形式，甚至被称为是"数字时代的文艺复兴"，它为以往的文本资源带来了新的生机与活力。对于媒体来说，要充分利用这场"文艺复兴"运动所带来的契机，不断优化作品内容和呈现形式，书写新时代的"丹青画卷"。中央广播电视总台在这方面走在前列，总台在习近平总书记重要

指示精神的指引下，从《国家宝藏》到《中国国宝大会》，从《典籍里的中国》到《美术经典中的党史》，从《艺术里的奥林匹克》到《美术里的中国》，一系列优秀的文化类综艺节目全新地阐释了传统文化。总台通过把传统的广播电视手段与多样艺术形式创新性融合、创造性实践，充分利用 VR、AR 等视觉呈现技术及沉浸式体验技术，创作出一大批既有思想深度又广泛传播的融媒体产品。

之所以出现"媒融万物"，既是出于媒体行业的自救，更是社会与媒介深度融合背景下的必然行动。其中，以文化与科技融合为核心的文化产业数字化是媒体领域的重点发展方向，这也为锻造跨媒介、跨行业融合的佳话与佳作创造了多种可能。基于万物皆媒的新认知，站在新的历史方位，围绕新的技术场景，每一个个体都应该表现出更坚毅的决心，做出更深刻的改变，尤其是媒体人，更要反思自身的价值基点，以更自信的姿态、更饱满的精神、更坚定的思想理念武装自我，不畏难关，从头而越。

第三节　ChatGPT风口下元宇宙的融合走向

2022年11月，由美国人工智能实验室OpenAI开发的一款人工智能聊天机器人应用ChatGPT上线不到一周，日活跃用户突破100万人，上线两个月，月活跃用户破亿，成为历史上用户增长速度最快的应用程序。时隔4个月，OpenAI又向世人发布GPT-4语言模型，引发继元宇宙之后的新一波热潮。

"ChatGPT热"与"元宇宙冷"的声音此起彼伏，然而回到科技发展的长时间脉络中去看，二者并不是非此即彼的对立关系，而是共生共荣的"新搭档"。作为一门基于深度学习的自然语言处理技术，ChatGPT在元宇宙中扮演着重要的角色，与此同时，二者相辅相成，通过数字科技的迭代升级与积累变现，共同服务于现实世界的发展，并带来跨界融合和深度社会融合的新机遇。

（一）元宇宙对个体角色的新要求

ChatGPT是一种基于互联网可用数据训练的大型语言模型（Large Language Mode，LLM），通过接受大量输入性文本数据训练和算法程序设定，生成符合人类多语言逻辑的内容。该技术的推出，不仅在语言模型的准确性上取得了很大的进步，而且在文本生成、自动问答等方面也展现出优异的水平，这些特性，使其在元宇宙中的开发潜力不容小觑。

首先，在场景创建和交互方面，ChatGPT可以充当虚拟助手，为用户提供导航、购物、娱乐等服务，或者作为虚拟客服，回答用户的问题、提供技术支持、处理用户投诉等。以游戏场景为例，ChatGPT 可以作为机器人或 NPC 出现，为用户提供导航、任务提示和其他辅助服务，帮助玩家更好地理解虚拟世界的规则，快速适应游戏环境，并且能够根据不同的指令和环境生成相应的反馈和场景描述，为用户提供更加细致、真实的游戏体验。例如，在一个虚拟的城市中，当一个玩家询问如何到达某个地点时，ChatGPT 可以快速识别玩家的意图，并根据虚拟世界的道路分布和地点信息，生成一份详细的行走路线，确保玩家可以顺利到达目的地。此外，ChatGPT 还可以被用于创造一个更加逼真的游戏环境，通过使用 ChatGPT 来创造虚拟人物的行为模拟，使虚拟人物的动作和心理表现趋于真实。

除了游戏场景，ChatGPT 对于办公场景的价值也得到了科技巨头的竞相关注。2023 年 3 月份，微软公司宣布推出一项新的人工智能技术——Microsoft 365 Copilot，该技术将应用于 Office 办公软件中，旨在为用户提供更便捷、高效的办公体验。这项技术由 GPT-4 驱动，嵌入在 Word、Excel、PowerPoint、Outlook、Teams 等 Microsoft 365 应用中，可以辅助用户生成文档、电子邮件、演示文稿等，提高办公效率。此前，谷歌公司也大力下注"AI"，宣称要在旗下的 Gmail、谷歌文档、表格、会议、幻灯片等"全家桶"中嵌入人工智能模型。可见，ChatGPT 的场景适配度高，包容性强，可以为元宇宙向多元生活场景的渗透提供坚实的基础。

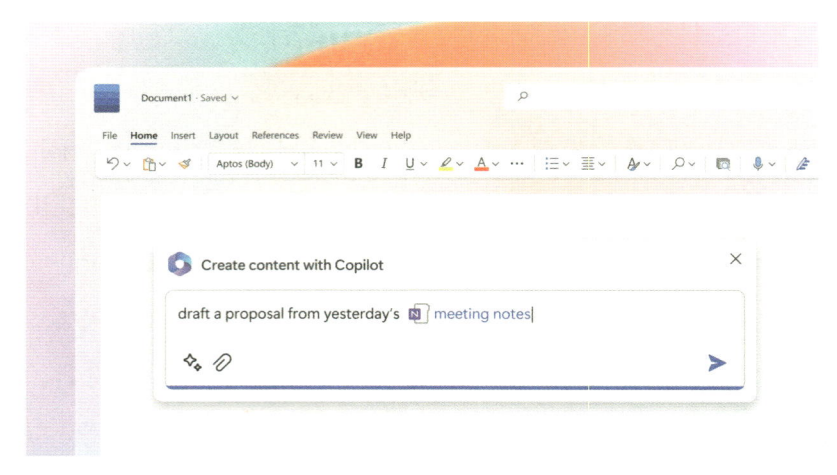

微软推出 Microsoft 365 Copilot（来源：微软官网）

其次，在人际交互与沟通方面，ChatGPT 也可以为用户提供更加便利的服务。元宇宙中的社交同样需要依靠语言来进行交流，ChatGPT 可以根据用户的语言输入和意图，自动产生相应的对话内容，帮助交流双方更好地理解和沟通。当一个用户向另外一个用户提问时，ChatGPT 可以快速判断问题类型和答案相关性，为用户提供一个快速有效的答案，从而提高交流效率，增强用户黏性。此外，由于元宇宙中的用户来自世界各地，ChatGPT 的实时翻译技术可以帮助用户消除语言障碍，将不同语言之间的交流翻译成目标语言，使用户能够自由交流，从而创造更加多元化的社交互动。当然，ChatGPT 自身也可以作为社交互动的对象，与用户进行自然语言的交互，满足用户社交陪伴、安慰和消遣等情感层面的需求。

最后，在内容生成和完善方面，ChatGPT 具有巨大的发展空间。在元宇宙中，用户可以自由创造各种场景、物品和角色，并将其分享给其他用户。ChatGPT 可以通过分析元宇宙内的大量文本数据，从中发现用户关注的热点话题、场景和需求，自动产生相应的文本描述和场景设计。这样可以大大缩短场景的创作时间，同时也可以提高场景的质量和真实感。另外，由于 ChatGPT 背后所依靠的人工智能生成技术并不局限于静态的文字，还包括多模态的图片、音频、视频，丰富的媒介形态的融合，这也会大大提升元宇宙内容的丰富度。这些改进与创新都有助于元宇宙虚拟经济和商业模式的摸索与发展。

ChatGPT 的出世不仅不会昭示元宇宙的"下台"，反而能促进我们更理性地看待元宇宙的长足发展。两股"顶流"的较量并不是孰弱孰强的简单划分，因为人工智能是一个技术概念，而元宇宙则是一种平台概念[1]，人工智能技术是实现元宇宙的底层技术之一，尤其是在全场景应用层面发挥着巨大的作用。因此，当元宇宙产业链尚未成熟时，ChatGPT 反而占据先机，一跃成为市场龙头，也就可以理解了。但 ChatGPT 的诞生其实是从现实应用层面佐证了人工智能技术的高速演进，而这正是推动元宇宙加速落地的重要基石。因此有专家充满信心地表示："ChatGPT 的出现将元宇宙至少提前了十年。"[2]

（二）ChatGPT 将与元宇宙共同开辟跨界融合新风向

在未来很长的一段时间内，ChatGPT 与元宇宙的发展走向必

---

[1] 新浪科技.GPT 与元宇宙，潮起潮落？[EB/OL].https://baijiahao.baidu.com/s?id=1762509332490837699&wfr=spider&for=pc.

[2] 李海楠.ChatGPT 带来元宇宙新契机[N].中国经济时报,2023（004）.

然是一个相互交织、相互影响的过程。不仅因为元宇宙是社会与媒介深度融合趋势中的重要抓手，也因为 ChatGPT 是布局元宇宙的重要抓手。

首先，从技术层面看，ChatGPT 与元宇宙的发展将会越来越密切。随着自然语言处理、智能语音识别等技术的不断进步，ChatGPT 的交互能力和智能化程度也将不断提高，更加贴近人类的思维和行为模式。而元宇宙需要更加先进的算法、算力、数据等技术支持，才能呈现出更加逼真的虚拟体验。因此，ChatGPT 和元宇宙将会在技术上互相依存，共同探索更加先进的技术新领域。

其次，从应用层面看，ChatGPT 和元宇宙的结合将会带来更为广泛的影响。在未来，ChatGPT 将成为元宇宙中最重要的虚拟人物之一，为用户提供更加智能化、个性化的服务。同时，在元宇宙中，用户可以通过 VR 设备与 ChatGPT 进行一对一的互动，体验更加直观、真实的虚拟世界。另外，ChatGPT 也可以通过元宇宙进一步拓展应用场景，如在虚拟教育领域中，ChatGPT 可以辅助教育者制定更加智能化的教育方案，为学生提供个性化的学习需求。再如，在虚拟商业领域中，ChatGPT 可以通过分析用户的购买行为和购物历史，为用户推荐更加符合其需求和偏好的商品。

2023 年 3 月底，全球知名的财经、金融资讯和数据公司彭博（Bloomberg）宣布推出"金融版 ChatGPT"——BloombergGPT，据介绍，该模型依托彭博的大量金融数据源，构建了一个 3630 亿个标签的数据集，拥有 500 亿参数。具体来说，BloombergGPT 将整合彭博海量的金融资讯资源，根据用户需求提供最新、最全面、最准确的金融新闻和市场分析，帮助用户及时调整投资策略；它会根据用户的投资背景、风险偏好等因素，提供个性化的投资建议。同时，它还会提供股票、债券、汇率、期货等金融市场相关的数据查询服务。该产品的推出将为金融领域用户提供更加便捷、高效、个性化的服务。它标志着金融和人工智能的深度融合已经开始，甚至将改变金融行业的发展和格局。

图书在版编目（CIP）数据

万物皆媒：元宇宙视角下的媒介变革／汪文斌，刘昕著.
-- 北京：华文出版社，2023.11
ISBN 978-7-5075-5818-0

Ⅰ．①万… Ⅱ．①汪… ②刘… Ⅲ．①传播媒介 - 研究
Ⅳ．①G206.2

中国国家版本馆CIP数据核字(2023)第192957号

万物皆媒：元宇宙视角下的媒介变革

作　　　者	：汪文斌　刘　昕
策划编辑	：杨艳丽
责任编辑	：杨艳丽　周海璐
出版发行	：华文出版社
地　　　址	：北京市西城区广安门外大街 305 号 8 区 2 号楼
邮政编码	：100055
网　　　址	：http://www.hwcbs.cn
电　　　话	：总 编 室 010-58336239　发 行 部 010-58336212　58336230
	责任编辑 010-58336191
经　　　销	：新华书店
制　　　版	：北京禾风雅艺文化发展有限公司
印　　　刷	：天津画中画印刷有限公司
开　　　本	：710*1000　1/16
印　　　张	：13
字　　　数	：180 千字
版　　　次	：2023 年 11 月第 1 版
印　　　次	：2023 年 11 月第 1 次印刷
标准书号	：ISBN 978-7-5075-5818-0
定　　　价	：68.00 元

版权所有，侵权必究